Meine schönsten Lieder

Meine schönsten Lieder

Deutsche und internationale Lieder
zum Mitsingen mit Noten

Herausgegeben von Heinrich Zelton

BECHTERMÜNZ VERLAG

Erläuterungen zum Begleiten
auf der Gitarre und eine Grifftabelle
sind diesem Buch beigelegt.

Genehmigte Lizenzausgabe für
Weltbild Verlag GmbH, Augsburg 1998

Umschlaggestaltung: Georg Lehmacher, Friedberg (Bay.)
Einbandmotiv: Image Bank, München
Gesamtherstellung: Wiener Verlag, Himberg bei Wien
Printed in Austria
ISBN 3-8289-0665-6

Inhalt

Volks- und Kinderlieder aus Deutschland

Ach, lieber Schuster du

Ei, so wickeln wir, ei so wickeln wir,
reißen, reißen, haun, haun, haun.
Lustig ist die Schusterei,
Schuster singt ein Lied dabei,
singt und springet immerzu,
bis die Sohle fällt vom Schuh.
Ach, lieber Schuster du,
flick du mir meine Schuh,
die Schuh, die sind entzwei.
Der Schuster macht sie neu.
Wer weiß, wie das noch werden mag,
wer weiß, wie das noch wird.
Wer weiß, wie das noch werden mag,
wer weiß, wie das noch wird.

Text und Melodie: volkstümlich

Allerschönster Engel

1. Allerschönster Engel,
   allerschönstes Kind,
   komm, eile dich
   und küsse mich
   und mache geschwind!
   1.–3.: All darum, so bitt ich dich:
   Komm, mein Schatz,
   und küsse mich,
   mein allerschönster Schatz,
   vergiß mich nicht!

2. |: Deine Augen haben mich verführt :|
dein Zuckermund hat manche Stund' mein Herz gerührt.
All darum …

3. |: Ich reis' in der Welt herum und du bleibst hier! :|
Doch schicke ich tagtäglich meine Seufzer zu dir.
All darum …

4. |: Wasser, Wasser, Wasser her, es hat Gefahr! :|
Komm, kühle, denn ich fühle, daß mein Herz verbrennt.
All darum …

Text und Melodie: volkstümlich, aus dem 18. Jahrhundert.

Als ich einmal reiste

1. Als ich einmal reiste
   in das Sachsen-Weimarland,
   da war ich der Reichste,
   das ist der Welt bekannt.
   Rummeldummel raudidera,
   rummeldummel raudiderum,
   da war ich der Reichste,
   das ist der Welt bekannt.

2. Zwei Jahr bin ich's geblieben,
   zog ich umher von Land zu Land
   und was ich getrieben,
   das ist der Welt bekannt.
   Rummeldummel …

3. Als ich wied'rum kommen
in unser altes Dorf hinein,
da schaute meine Mutter
aus ihrem Fensterlein.
Rummeldummel ...

4. »Ach Sohne, liebster Sohne,
dein Ansehn g'fällt mir gar nit wohl:
dein Höslein sein verloren,
die Strümpf, das Kamisol [kleines Wams]!«
Rummeldummel ...

5. »Ach Mutter, liebste Mutter,
was fragt ihr nach der Lumperei?
An Höslein, Rock und Futter
spart ihr die Flickerei.«
Rummeldummel ...

6. »In Reußen und in Preußen
wohl bei den schönsten Mägdelein,
da gingen sie auf Reisen
bei Bier und kühlem Wein!«
Rummeldummel ...

7. Mein' Mutter ging zur Küchen,
sie kocht' mir Nudel und Sauerkraut,
stopft' Rock und Höslein,
daß ich bin herrlich anzuschaun.
Rummeldummel ...

Text und Melodie: volkstümlich aus Thüringen.

An Schlosser hot an G'sellen g'hot

1. An Schlosser hot an G'sellen g'hot,
der hot gar langsam g'feilt;
doch wenn's zum Fresse gange ischt,
do hot er grausam g'eilt.
Der Erschte in der Schüssel drin,
der Letschte wieder draus,
𝄆 do ischt ka Mensch so fleißig g'west
wie er im ganzen Haus. 𝄇

2. »G'sell«, hot emal der Meister g'sogt,
»hör, dös begreif i net!
Es ischt doch all mei Lebtag g'west,
solang i denk, die Red:
So wie ma frißt, so schafft mer au.
Bei dir ischt's net a so:
𝄆 So langsam hot no kaner g'feilt
und g'fresse so wie du!« 𝄇

3. »Ho«, sogt der G'sell, »dös b'greif i scho;
's hot alls sei gute Grund:
Es Fresse währt holt net lang
und d' Arbeit vierzehn Stund.
Wenn aner sollt den ganzen Tag
in ein Stück fresse fort,
𝄆 's wird au gar bald so langsam geh
als wie beim Feile dort!« 𝄇

Text: Johann Conrad Grübel (1800); Melodie: volkstümlich, aus Bayern

Auf der Mauer, auf der Lauer

Auf der Mauer, auf der Lauer
sitzt 'ne kleine Wanze.
Auf der Mauer, auf der Lauer
sitzt 'ne kleine Wanze.
Seht euch mal die Wanze an,
wie die Wanze tanzen kann!
Auf der Mauer, auf der Lauer
sitzt 'ne kleine Wanze.

Bei jeder Wiederholung der Strophe wird die Wanze immer kleiner: Wanz – Wan – Wa – W –
Und wenn sie ganz verschwunden ist, dann wächst sie wieder zur Wanze: W – Wa – Wan – Wanz – Wanze.

Text und Melodie: volkstümlich.

Bei meiner Mutter

1. Wär' ich nicht bei meiner Mutter,
möcht' ich bei der Löwin sein;
legt' ihr meinen Kopf ins Fell,
atmete sie ruhig ein.
Wüßte meinen Vater wachen,
stärker als ein Nachtgeschrei;
Donner könnte niedergehn,
käme nicht zu uns herein.

2. Wär' ich nicht bei meiner Mutter,
möcht' ich bei der Störchin sein;
in die Federn meinen Kopf,
steckt ich wohlig ihr hinein.
In dem Sturm mein Vater stände,
sicher wie ein großer Stern;
unserm Haus am Himmelsrand,
bliebe alles Laute fern.

3. Doch ich bin bei meiner Mutter,
ringel fest mich bei ihr ein,
fühle meines Vaters Arm,
bin bei ihnen, nicht allein.

Text und Melodie: Uta Willms.

Da droben auf jenem Berge

1. Da droben auf jenem Berge,
da steht ein goldenes Haus,
da schauen wohl alle Frühmorgen
drei schöne Jungfrauen heraus.
Die eine, die heißet Elisabeth,
die andre Bernharda mein,
die dritte, die will ich nicht nennen,
die sollt mein eigen sein.

2. Da drunten in jenem Tale,
da treibt das Wasser ein Rad,
das treibet nichts als die Liebe
vom Morgen bis Abend spat;
das Mühlrad ist zerbrochen,
die Liebe, die hat ein End,
und wenn sich zwei Herzlieb tun scheiden,
so reichen 's einander die Händ.

3. Ach Scheiden, ach Scheiden, ach Scheiden!
Wer hat doch das Scheiden erdacht?
Das hat ja mein jungfrisch Herzelein
aus Freuden in Trauern gebracht.
Dies Liedlein hat hier ein Ende,
es hats wohl ein Müller erdacht,
den hatte des Ritters Töchterlein
vom Lieben zum Scheiden gebracht.

Text und Melodie: aus »Des Knaben Wunderhorn«.

Danzleed

1. De Diekgraf von Münnich
   meen eenstmals ganz künnig:
   de Diekers, dat weren geringe Lüü.
   Nu willt de Geringen
   mal danzen un springen
   Jan-Hinnerk, nu blaas man:
   Tü-lü-tü-tü.

2. Na d'Sudelers Telt hen,
   Jan-Hinnerk vertellt denn:
   Ji Diekers, geevt acht up dat Morgenrot!
   Bi'n Sudeler gifft wat.
   Well Geld hett, de kriggt wat
   van Beer, Sluck un Speck un
   van Käs' un Brot.

3. Höört to, ji Geringen:
dat moot doch gelingen!
Wenn wi man tohoop hollt, denn sünd wi stark.
Denn bruukt wi nich bangen.
Denn köönt wi't verlangen:
mehr Geld un mehr Äten
    für uns stuur Wark.

4. Se danzt, bit de Hahn kreiht
un Tjarks mit sien Fahn steiht.
Jan-Hinnerk, de blast denn up sien Schalmei.
Vöran Koyerstangen
un luuthals verlangen:
mehr Geld un mehr Äten!
    Laway! Laway!*

* Laway = Aufstand (Revolution)

Text: Oswald Andrae; Melodie: Oswald Andrae/Helmut Debus.

Das Fohlen ist braun

1. Das Fohlen ist braun.
   Nun kommt es zum Zaun,
   jetzt springt es so keck!
   Und auf der Nase, und auf der Nase
   hat's einen großen weißen Fleck!

2. Das Fohlen macht Spaß!
   Es legt sich ins Gras,
   es wälzt sich im Klee!
   Und seine Beine, und seine Beine
   schlägt es vor Übermut in die Höh'!

Text und Melodie: volkstümlich

Das Kälbchen liegt im Stroh

1. Das Kälbchen liegt im Stroh,
seine Mutter, die ist froh!
Muh, muh, muh!
Seine Mutter, die ist froh!

2. Das Kälbchen, das ist satt,
seine Mutter leckt es glatt!
Muh, muh, muh!
Seine Mutter leckt es glatt!

3. Das Kälbchen, das ist wach,
es guckt den Schwälbchen nach!
Muh, muh, muh!
Es guckt den Schwälbchen nach!

4. Nun ruhn sie beide aus,
nun ruhn sie beide aus!
Muh, muh, muh!
Drum gehn wir still hinaus!

Text und Melodie: volkstümlich

Das Spinnrad

1. Dreh dich, dreh dich, Rädchen,
spinne mir ein Fädchen,
viele, viele hundert Ellen lang!
Hurtig, hurtig muß man spinnen,
Mütterchen braucht frisches Linnen;
darum, Rädchen, ohne Ruh',
dreh dich, dreh dich immerzu.

2. Dreh dich, dreh dich, Rädchen,
spinne mir ein Fädchen,
viele hundert Ellen lang!
Brauchen Tücher, Betten, Kissen,
alle Tag wird was zerrissen;
darum Rädchen, ohne Ruh'
dreh dich, dreh dich immerzu.

3. Dreh dich, dreh dich, Rädchen,
spinne mir ein Fädchen,
viele hundert Ellen lang!
Unser kleines Brüderlein,
braucht ein Dutzend Hemdelein;
darum Rädchen ohne Ruh',
dreh dich, dreh dich immerzu.

Text und Melodie: volkstümlich, aus Baden.

Der Abt ist nicht zu Hause

Der Abt ist nicht zu Hause,
er ist auf einem Schmause.
Wenn er wird nach Hause komm'n,
wird er schon gepoltert komm'n.

Text und Melodie: volkstümlich.

Der Herr, der schickt den Jockel aus

1. Der Herr, der schickt den Jockel aus,
   er soll den Hafer schneiden.
   Der Jockel schneid't den Hafer nicht
   und kommt auch nicht, und kommt auch nicht,
   und kommt auch nicht nach Haus.

2. Das schickt der Herr den Pudel aus,
   er soll den Jockel beißen.
   Der Pudel beißt den Jockel nicht,
   der Jockel schneid't den Hafer nicht
   und kommt auch nicht nach Haus.

3. Da schickt der Herr den Prügel aus,
er soll den Pudel schlagen.
Der Prügel schlägt den Pudel nicht,
der Pudel beißt den Jockel nicht,
der Jockel schneid't den Hafer nicht
und kommt auch nicht nach Haus.

4. Das schickt der Herr das Feuer aus,
es soll den Prügel brennen.
Das Feuer brennt den Prügel nicht,
der Prügel schlägt den Pudel nicht …

5. Das schickt der Herr das Wasser aus,
es soll das Feuer löschen.
Das Wasser löscht das Feuer nicht,
das Feuer brennt den Prügel nicht …

6. Da schickt der Herr den Ochsen aus,
er soll das Wasser saufen.
Der Ochse säuft das Wasser nicht,
Das Wasser löscht das Feuer nicht …

7. Da schickt der Herr den Schlachter aus,
er soll den Ochsen schlachten.
Der Schlachter schlach't den Ochsen nicht,
Der Ochse säuft das Wasser nicht …

8. Da schickt der Herr den Henker aus,
er soll den Schlachter hängen.
Der Henker hängt den Schlachter nicht,
der Schlachter schlacht't den Ochsen nicht …

9. Da schickt der Herr den Teufel aus,
er soll den Henker holen.
Der Teufel holt den Henker nicht,
der Henker hängt den Schlachter nicht …

10. Da geht der Herre selbst hinaus
und macht gar bald ein End' daraus:
Der Teufel holt den Henker nun,
der Henker hängt den Schlachter nun,
der Schlachter schlacht't den Ochsen nun,
der Ochse säuft das Wasser nun,
das Wasser löscht das Feuer nun,
das Feuer brennt den Prügel nun,
der Prügel schlägt den Pudel nun,
der Pudel beißt den Jockel nun,
der Jockel schneidt't den Hafer nun
und kommt auch gleich nach Haus.

Text und Melodie: volkstümlich.

Der kleine Koala-Bär

2. Der kleine Koala-Bär,
   weißt Du, was er alles sieht?
   Rundherum
   die Welt ihm so weit!
   Die Mutter hält auf
   dem Rücken den Platz ihm bereit.
   Rundherum die Welt ihm so weit!

3. Der kleine Koala-Bär,
   weißt Du, wie herrlich er schläft?
   Weich und warm
   und immer vertraut
   ist ihm das Bettchen
   am Bauch seiner Mutter gebaut.
   Weich und warm und immer vertraut.

Text und Melodie: Uta Willms.

Der Spielmann

1–3. Der Spielmann, der Spielmann ist immer noch nicht da.
Er kimmet aber noch, er kimmet aber noch.

2. Denn ohne Musik kann der Junge sich nicht drehn,
der Junge sich nicht drehn, der Junge sich nicht drehn.

3. Denn nur mit Musik kann im Tanze man sich drehn,
im Tanze man sich drehn, im Tanze man sich drehn.

Text und Melodie: volkstümlich.

Die helle Sonn leucht' jetzt herfür

1. Die helle Sonn leucht' jetzt herfür,
fröhlich vom Schlaf aufstehen wir.
Gott Lob, der uns in dieser Nacht
behütet vor des Feindes Macht.

2. Herr Christ, den Tag uns auch behüt
vor Angst und Not durch deine Güt.
Laß deine lieben Engelein
unsere Hüter und Wächter sein.

Text und Melodie: volkstümlich.

Die Kastanie rund und braun

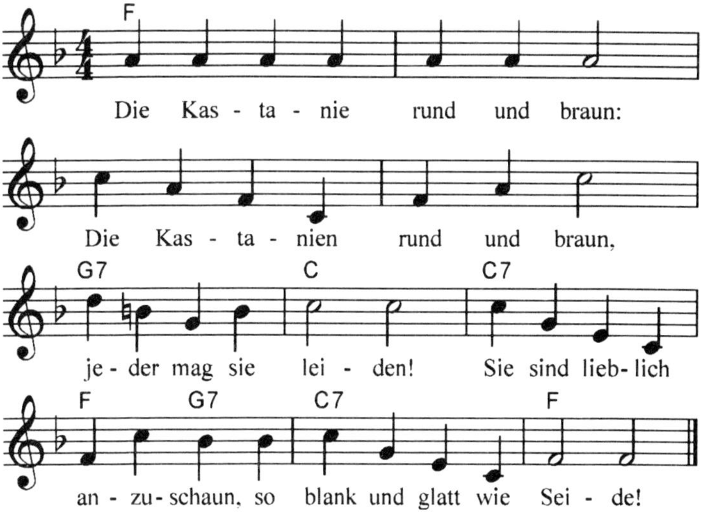

1. Die Kastanie rund und braun;
die Kastanien rund und braun,
jeder mag sie leiden!
Sie sind lieblich anzuschaun,
so blank und glatt wie Seide!

2. Hol sie aus der grünen Haut;
hol sie aus der grünen Haut
ihrer Stachelspitzen,
und du siehst sie säuberlich
im weißen Bettchen sitzen.

3. Und wo immer Menschen auf;
und wo immer Mensch auf
euch Kastanien stoßen,
jeder von uns hebt sie auf,
die Kleinen und die Großen.

Text und Melodie: volkstümlich

Dieser Kuckuck, der mich neckt

1. Dieser Kuckuck, der mich neckt,
Kuckuck tief im Waldgestrauch versteckt, [Kuckuck],
rechts und links und überall, [Kuckuck]
hör' ich seinen fernen Schall, [Kuckuck],
rechts und links und überall [Kuckuck],
hör' ich seinen fernen Schall, [Kuckuck, Kuckuck].

2. Wenn ich komme, ist er fort, [Kuckuck]!
bin ich hier, so ist er dort, [Kuckuck]!
Ei, so sei er, wo er sei, [Kuckuck],
lieblich ist von fern sein Schrei, [Kuckuck],
ei, so sei er, wo er sei, [Kuckuck],
lieblich ist von fern sein Schrei, [Kuckuck, Kuckuck].

Text und Melodie: volkstümlich.

Diese Welt ist tausendschön!

1. Weißt Du noch den Tag, Mama,
an dem Du mich geboren hast?
Wie glücklich Du da warst, Mama,
als Du mich endlich sahst?
Diese Welt ist tausendschön!
Diese Welt ist tausendschön!
Wir beide haben das gesehn!
Diese Welt ist tausendschön!

2. Leicht lag ich in Deinem Arm,
sehr leicht und klein und rein und warm.
Du hattest nicht gelernt vorher,
wie lieb ich für Dich wär!
Diese Welt ist tausendschön …

3. Schwer war jetzt die Welt für Dich,
weil Du Dich sorgtest nur um mich.
So hast Du's mir erzählt, Mama,
doch wie liegt die Welt da?
Diese Welt ist tausendschön …

Text und Melodie: Uta Willms.

Die Sternlein kommen heraus

1. Die Sternlein kommen heraus.
Der Mond geht übers Haus.
Die Mutter deckt dich zu,
da schläft mein Kind im Nu.

2. Im Haus wird es nun still,
kein Hund mehr bellen will.
Ich schließ' die Türe zu.
Nun schlaf' in guter Ruh'.

Text und Melodie: volkstumlich.

Dreh dich, dreh dich!

1. Dreh dich, dreh dich, zum Glöckchen,
mein Röckchen,
dreh dich herum.
Wie dem Schäfchen auf der Weide,
rundherum so weich und mollig,
in dem Röckchen, meinem Kleide
ist es mir verstrickt so wollig.
    Dreh dich, dreh dich, zum Glöckchen,
    mein Röckchen,
    dreh dich herum.

2. Dreh dich, dreh dich zum Glöckchen,
mein Röckchen,
dreh dich herum.
Und der Duft von ihren Löckchen
wird vom Wind zu mir getragen,
g'rade wie von meinem Röckchen,
Schäfchen, laß euch Grüße sagen.
    Dreh dich, dreh dich, zum Glöckchen,
    mein Röckchen,
    dreh dich herum.

Text und Melodie: volkstümlich.

Drei Laub auf einer Linden

1. Drei Laub auf einer Linden blühen also wohl, ja wohl;
sie tät vieltausend Sprünge, ihr Herz war freudenvoll,
ich gönns dem Maidlein wohl.

2. Das Maidlein, das ich meine, ist hübsch und fein, ja fein;
wenn ich dasselb anblicke, freut sich das Herze mein;
des eigen will ich sein.

3. Sie hat ein roten Munde und zwei Äuglein klar, ja klar;
auch ein schneeweißen Leibe, dazu goldfarbnes Haar,
das zieret sie führwahr.

Text und Melodie: aus Georg Forsters *Frische teutsche Liedlein II* (Nürnberg 1540).

Du Sommer, ich bin schon da!

1. Ich hab' ein Gefühl für den Sommer heut'!
Da juckt es mich in meinem Winterzeug!
Ich ziehe es ganz schnell aus.
Du, Sommer, ich komme raus!
Kurzärmlig! Kniestrümpfig!
Offenes Haar!
Du Sommer! Du Sommer!
Ich bin schon da!

2. Da laufen die Beine von ganz allein
und springen und können nicht ruhig sein!
Ich hüpfe und dreh' und tanz'!
Du Sommer, sieh her, ich kann's!
Kurzärmlig! Kniestrümpfig!
Offenes Haar!
Du Sommer! Du Sommer!
Ich bin schon da!

3. Und wenn ich dann auf meiner Wiese ruh'
und mache dabei meine Augen zu,
ich atme und hör' nur Dich,
Du Sommer, ich freue mich!
Kurzärmlig! Kniestrümpfig
Offenes Haar!
Du Sommer! Du Sommer!
Ich bin schon da!

Text und Melodie: Uta Willms.

Dat Leed van den Häftling

1. En halv Dusend un fief Dutzend
un denn noch twee mal Een.
Kind, mien Kind, tell dat sosamen,
denn hest de Tahl de ik meen.

2. Is en Tahl blots, is en Tahl blots.
Schriev se up. Kind hest sehn?
Disse Tahl, dat weer de Nummer,
weer de Nummer, de ik meen.

3. Weer en Nummer, blots en Nummer.
Van ganz veel weer't man een.
So veel Nummers up de Jacken
van de Minschen, de ik meen.

4. Weern blots Minschen, inspeert Minschen.
Hitler harrt Regiment;
man se glöwen, wat se glöwen,
foltert, slaan, vergaast, verbrennt,

5. Männich Christ un Kommunisten,
Sozialdemokrat,
Jöden, Zentrum, Pazifisten:
»Schutzhaft«, KZ, Moorsoldat.

6. In't KZ van Esterwegen
– Kind, nümms kann't nu verstahn!
hebbt se Carl von Ossietzky,
elennig tosamenslaan.

7. Nägn-tein-hunnert-acht-un-dar-tig,
veerten Mai in Berlin:
ünner Upsicht van d'Gestapo
schräwen se sien'n Dodenschien.

8. Fief-hunnert-un-twee-un-seßtig
weer sien Nummer mal wään.
Den Nobelpreis för den Fräden
krääg de Häftling, de ik meen.

9. Gegen Unrecht harr he sträden.
Mien Kind, vergäät dat nich.
Waak wään, handeln för den Fräden,
denn dar Woort alleen helpt nich!

Text und Melodie: Oswald Andrae

Ein Kuckuck auf dem Baume saß

1. Ein Kuckuck auf dem Baume saß,
   es regnet sehr und er ward naß!
   Es regnet sehr und er ward naß!

2. Da kam der liebe Sonnenschein,
   der macht ihn wieder hübsch und fein,
   der macht ihn wieder hübsch und fein.

3. Und voller Freude fliegt er nun
   in Gottes schöner Welt herum!
   in Gottes schöner Welt herum!

Text und Melodie: volkstümlich.

Erst sing' ich allein

Erst sing' ich allein, dann zu zwein und drein
singen wir den Ringelreihn.
Und wenn einer dann nicht mehr weiter kann,
fangen wir von vorne an!
Und singen und singen den Liederringelreihn.

Kanon. Text und Melodie: volkstümliches Kinderlied.

Es flog ein klein's Waldvögelein

1. Es flog ein klein's Waldvögelein
der Liebsten vor die Tür,
klopft an mit seinem Schnäbelein
gar still mit aller Zier:
»Ich bin so weit geflogen
in Kummer und Sorgen groß,
doch still und ganz verborgen
der Liebsten ihr'n Schoß.«

2. »So grüß dich Gott im Herzen,
du schön's Waldvögelein!
Vertreibst mir viel der Schmerzen,
daß du bei mir kehrst ein:
Bist du so weit geflogen
in Kummer und großer G'fahr:
Dir bleib ich g'neigt und g'wogen
mit großer Liebe gar!«

3. »Bin ich geflogen über Berg und Tal,
doch mit sehr großer Müh:
und such mein Lieb ganz überall,
trag Sorg, sie sei nicht hie.
Herzlieb! bist du vorhanden,
tröst mich, Waldvögelein,
in dein schneeweiße Hände,
schleuß du, Herzlieb, mich ein!«

Text: aus *Tugendhaffter Jungfrauen und Junggesellen Zeitvertreiber* (um 1690); Melodie: aus dem 17. Jahrhundert.

Es freit ein wilder Wassermann

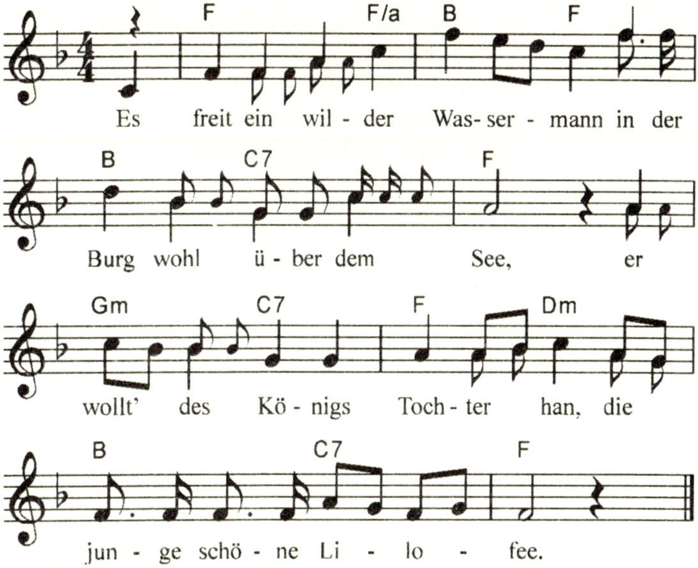

1. Es freit ein wilder Wassermann
in der Burg wohl über dem See,
er wollt' des Königs Tochter han,
die junge, schöne Lilofee.

2. Sie hörte drunten die Glocken gehn
im tiefen, tiefen Schnee,
wollt' Vater und Mutter wiedersehn,
die schöne, junge Lilofee.

3. Und als sie vor dem Tore stand
auf der Burg wohl über dem See,
da neigt' sich Laub und grünes Gras
vor der schönen, jungen Lilofee.

4. Und als sie aus der Kirche kam
von der Burg wohl über dem See,
da stand der wilde Wassermann
vor der schönen, jungen Lilofee.

5. »Sprich, willst du hinunter gehn mit mir
von der Burg wohl über dem See,
deine Kindlein unten weinen nach dir,
du schöne junge Lilofee.«

5. »Und eh ich die Kindlein weinen laß
im tiefen, tiefen See,
scheid' ich von Laub und grünem Gras,
ich arme, junge Lilofee.«

Text: volkstümlich, in verschiedenen Varianten verbreitet; Melodie: aus der Gegend um Joachimsthal (1813).

Es geht ein' dunkle Wolk herein

1. Es geht ein' dunkle Wolk herein,
mich deucht, es wird ein Regen sein,
ein Regen aus den Wolken,
wohl in das grüne Gras.

2. Und kommst du, liebe Sonn, nit bald,
so 'weset alls im grünen Wald,
und all die müden Blumen,
die haben müden Tod.

3. Es geht ein' dunkle Wolk herein;
es soll und muß geschieden sein.
Ade feins Lieb, dein Scheiden
macht mir das Herze schwer.

Text und Melodie: aus der Liederhandschrift des Pater Werlin vom Kloster Seeon (1646).

Es geht ein böses Ding herum

Es geht ein böses Ding herum,
das wird euch tüchtig zwacken;
sieht einer nur nach ihm sich um,
so fährt's ihm auf den Nacken;
doch kehrt es ja bei einem ein,
so möcht ich nicht sein Nachbar sein,
sein Nachbar sein.

Text und Melodie: volkstümliches Kinderspiellied aus dem 19. Jahrhundert.

Es geht eine Zipfelmütz

Text und Melodie:
volkstümliches Kinderspiellied aus Pommern.

Es kamen grüne Vögelein

1. Es kamen grüne Vögelein
   geflogen her vom Himmel.
   Sie setzten sich im Sonnenschein
   in fröhlichem Gewimmel
   all auf des Baumes Äste
   und saßen da so feste,
   als ob sie angewachsen sein.

2. Sie schaukelten in Lüften
   lau auf ihren Zweigen,
   sie aßen Licht und tranken Tau
   und wollten auch nicht schweigen.
   Sie sagen leise, leise
   auf ihre stille Weise
   von Sonnenschein und Himmelsblau!

3. Wenn Wetternacht auf Wolken saß,
so schwirren sie erschrocken.
Sie wurden von dem Regen naß
und wurden wieder trocken!
Die Tropfen rannen nieder
vom grünenden Fefieder,
und desto grüner wurde das!

4. Da kam am Tag der scharfe Strahl,
ihr grünes Kleid zu sengen,
und nächtlich kam der Frost einmal,
mit Reif es zu besprengen.
Die armen Vöglein froren,
ihr Frohsinn war verloren.
Ihr grünes Kleid ward bunt und fahl!

5. Da trat ein starker Mann zum Baum
und hub ihn an zu schütteln,
vom ober'n bis zum unter'n Raum
mit Schauer zu durchrütteln.
Die bunten Vöglein girrten
und auseinander schwirrten,
wohin sie flogen, weiß man kaum.

Text und Melodie: volkstümlich.

Es reit der Herr von Falkenstein

1. Es reit der Herr von Falkenstein
wohl über ein breite Heide.
Was sieht er an dem Wege stehn?
Ein Maidel mit weißem Kleide.

2. »Wohin, wo hinaus du schöne Magd?
Was machst du hier alleine?
Willst du die Nacht mein Schlafbuhle sein,
so reit du mit mir heime.«

3. »Mit euch heimreiten, das tu ich nicht,
kann euch doch nicht erkennen.«
»Ich bin der Herr von Falkenstein
und tu mich selber nennen.«

4. »Seid ihr der Herr von Falkenstein,
derselbe edle Herre,
so will ich euch bitten um den Gefangenen mein,
den will ich haben zur Ehe.«

5. »Den Gefangenen mein, den geb ich nicht,
im Turm muß er verfaulen,
zu Falkenstein steht ein tiefer Turm
wohl zwischen zwei tiefen Mauern.«

6. »Steht zu Falkenstein ein tiefer Turm
wohl zwischen zwei tiefen Mauern,
so will ich an den Mauern stehn
und will ihm helfen trauern.«

7. Sie ging den Turm wohl um wieder um:
»Feinslieb, bist du darinnen?
Und wenn ich dich nicht haben kann,
so komm ich von meinen Sinnen.

8. Ei, dürft ich scharfe Messer tragen
wie unsers Herren sein Knechte,
ich tät mit'm Herrn von Falkenstein
um meinen Herzliebsten fechte!«

9. »Mit einer Jungfrau fecht ich nicht,
das wär mir immer ein Schande!
Ich will dir deinen Gefangenen geben,
zieh mit ihm aus dem Lande!«

Text: nach Johann Gottfried Herder;
Melodie: volkstümlich aus dem 16. Jahrhundert.

Drei Reiter

1. Es reiten drei Reiter zu München hinaus,
sie reiten wohl vor der Bernauerin Haus:
»Bernauerin, bist du drinnen, ja drinnen?«

2. »Ei, willst du lassen den Herzog entwegn,
oder willst du lassen dein jung frisches Lebn,
ertrinken im Donauwasser, ja Wasser?«

3. »Und als ich will lassen mein Herzog entwegn,
so will ich lassen mein jung frisches Leben,
ertrinken im Donauwasser, ja Wasser.

4. Der Herzog ist mein, und ich bin sein,
der Herzog ist mein, und ich bin sein:
wir sind gar treu versprochen, ja versprochen.«

5. Es stund kaum an den dritten Tag,
dem Herzog kam eine traurige Klag:
Bernauerin ist ertrunken, ja ertrunken.

6. Sie legten 's dem Herzog wohl auf den Schoß,
der Herzog viel tausend Tränen vergoß,
er tät gar herzlich weinen, ja weinen.

7. »So rufet mir her fünftausend Mann!
Einen neuen Krieg will ich nun fangen an
mit meinem Vater eben, ja eben.«

8. Es stund kaum an den dritten Tag,
dem Herzog kam eine traurige Klag:
sein Herr Vater ist gestorben, ja gestorben.

9. »Die mir helfen mein Vater begrabn,
rote Manteln müssen sie habn,
rot müssen sie sich tragen, ja tragen.

10. Und die mir helfen mein feins Lieb begrabn,
schwarze Manteln müssen sie habn,
schwarz müssen sie sich tragen, ja tragen

11. So wollen wir stiften ein ewige Meß,
daß man der Bernauerin nicht vergeß,
man wolle für sie beten, ja beten.«

Text und Melodie: volkstümlich, in Bayern und Österreich verbreitet; aus dem 18. Jahrhundert.

Es saß ein klein Wildvögelein

1. Es saß ein klein Wildvögelein
auf einem grünen Ästchen;
es sang die ganze Winternacht,
die Stimme mußt ihm klingen,
es sang die ganze Winternacht,
die Stimme mußt ihm klingen.

2. »Sing du mir mehr, sing du mir mehr,
du kleines wildes Vögelein
Ich will dir schreiben auf deine Flügel
mit gelben Gold und grüner Seid.
Ich will dir schreiben auf deine Flügel
mit gelben Gold und grüner Seid.«

3. »Behalt dein Gold, behalt dein Seid,
ich will dir nimmer singen.
Ich bin ein klein Wildvögelein,
und niemand kann mich zwingen.
Ich bin ein klein Wildvögelein,
und niemand kann mich zwingen«

4. »Geh nur herauf aus tiefem Tal,
der Reif wird dich auch drücken.«
»Drückt mich der Reif, der Reif so kalt,
Frau Sonne wird mich erquicken.
Drückt mich der Reif, der Reif so kalt,
Frau Sonne wird mich erquicken.«

Text und Melodie: volkstümlich, aus Siebenbürgen. Deutsche Nachdichtung von Franz M. Böhme.

Es steht ein Baum im Odenwald

1. Es steht ein Baum im Odenwald,
der hat viel grüne Äst,
da bin ich schon viel tausendmal
bei meinem Schatz gewest.

2. Da sitzt ein schöner Vogel drauf,
der pfeift gar wunderschön;
ich und mein Schätzlein horchen auf,
wenn wir mitnander gehn.

3. Der Vogel sitzt in seiner Ruh
wohl auf dem höchsten Zweig;
und schauen wir dem Vogel zu,
so pfeift er allsogleich.

4. Der Vogel sitzt in seinem Nest
wohl auf dem grünen Baum;
ach Schätzel, bin ich bei dir gwest,
oder war es nur ein Traum?

5. Und als ich wieder kam zu ihr,
verdorret war der Baum,
ein andrer Liebster stand bei ihr;
jawohl, es war ein Traum.

6. Der Baum, der steht im Odenwald,
und ich bin in der Schweiz;
da liegt der Schnee so kalt,
so kalt, das Herz es mir zerreißt.

Text: aus »*Des Knaben Wunderhorn*«; Melodie: nach Johann Friedrich Reichardt.

Jennerwein-Wildschützenlied

1. Es war ein Schütz in seinen schönsten Jahren,
er wurde weggeputzt von dieser Erd,
man fand ihn erst am neunten Tage
bei Tegernsee am Peißenberg.

2. Auf den Bergen ist die Freiheit,
auf den Bergen ist es schön,
doch auf so eine schlechte Weise
mußte Jennerwein zugrunde gehn!

3. Auf hartem Stein hat er sein Blut vergossen,
am Bauche liegend fand man ihn,
von hinten war er angeschossen,
zersplittert war sein Unterkinn.

4. Du feiger Jäger, das ist eine Schande,
du erwirbst dir wohl kein Ehrenkreuz,
er fiel mit dir nicht im offenen Kampfe,
weils der Schuß von hint beweist.

5. Man bracht ihn dann noch auf den Wagen,
bei finstrer Nacht ging es noch fort,
begleitet von seinen Kameraden
nach Schliersee, seinem Lieblingsort.

6. Dort ruht er sanft, ja, wie ein jeder,
bis an den großen Jüngsten Tag,
dann zeigt uns Jennerwein den Jäger,
der ihn von hint erschossen hat.

7. Und am großen Jüngsten Tage,
putzt jeder sein Gewissen und's Gewehr,
dann marschiern d'Jäger samt dem Förster
aufs Gamsgebirg zum Luzifer.

8. Zum Schlusse Dank noch den Vet'ranen,
da ihr Trauermarsch so schön gespielt,
Jäger, tut euch nur ermahnen,
daß keiner mehr von hinten zielt.

Text und Melodie: volkstümlich, aus Bayern (Jennerwein-Wildschützenlied); Georg Jennerwein, Holzknecht aus Westerhofen bei Schliersee, wurde 1877 von seinem Kameraden, dem Jäger Pfederl, auf dem Peißenberg bei Tegernsee aus Eifersucht hinterücks erschossen.

Es zogen auf sonnigen Wegen

1. Es zogen auf sonnigen Wegen
drei lachende Mädchen vorbei.
Sie schwenkten die Röcke verwegen
und trällerten alle drei.
Ti-ra-la-la-la-la, ti-ra-la-la-la-la,
Ti-ra-la-la-la-la, ti-ra-la-la-la-la.

2. Ihr Lied klang so hell in die Weite,
sie liefen so froh durch den Mai.
Ich konnt mich für keine entscheiden,
drum küßt ich sie alle drei.
Ti-ra-la-la-la-la, ...

3. Doch, ach, eine jede wollt haben,
daß ich ihr Alleiniger sei.
Kein Drittel, den ganzen Knaben,
den wollten sie alle drei.
Ti-ra-la-la-la-la, ...

4. Du Schwarze, du Blonde, du Braune,
vergebt und vergeßt und verzeiht.
Will keiner verderben die Laune,
drum laß ich euch alle drei.
Ti-ra-la-la-la-la, ...

Text und Melodie: volkstümlich.

Herbst

1. Falle, falle, falle, rotes Blatt, gelbes Blatt,
   bis der Baum kein Blatt mehr hat,
   weggeflogen alle!

2. Falle, falle, falle kalter Schneee, weißer Schnee,
   tust den Blättern nicht mehr weh,
   und wir freu'n uns alle!

Text und Melodie: volkstümlich.

Feinslieblichen,
du sollst mir nicht barfuß gehn!

1. »Feinslieblichen, du sollst mir nicht barbuß gehn!
Du zertrittst dir die zarten Füßlein schön.
Tralalala, tralalala!
Du zertrittst dir die zarten Füßlein schön.«

2. »Wie sollte ich denn nicht barfuß gehn,
hab' keine Schuh ja anzuziehn.
Tralalala ...«

3. »Feinsliebchen, willst du mein eigen sein,
so kaufe ich dir ein Paar Schühlein fein.
Tralalala ...«

4. »Wie könnte ich euer eigen sein?
Ich bin ein armes Mägdelein.
Tralalala …«

5. »Und bist du auch arm, so nehm ich dich doch!
Du hast ja die Ehr' und die Treue noch.
Tralalala … «

6. »Die Ehr' und die Treue mir keiner nahm,
ich bin, wie ich von der Mutter kam.
Tralalala …«

7. Was zog er aus seiner Taschen fein?
Von lauter Gold ein Ringelein.
Tralalala …«

Text: Anton Wilhelm Florentin von Zuccalmaglio; Melodie nach einer westfälischen Ballade vom Anfang des 19. Jahrhunderts.

Frau Schwalbe

1. Frau Schwalbe ist 'ne Schwätzerin,
   sie schwatzt den ganzen Tag,
   sie plaudert mit der Nachbarin,
   so viel sie plaudern mag;
   das zwitschert, das zwatschert
   den lieben langen Tag,
   das zwitschert, das zwatschert
   den lieben langen Tag.

2. Sie schwatzt von ihren Eiern viel,
von ihren Kindern klein,
und wenn sie niemand hören will,
schwatzt sie für sich allein.
Das zwitschert, das zwatschert
und kann nicht stille sein,
das zwitschert, das zwatschert und
kann nicht stille sein.

3. Hält sie im Herbst Gesellschaft gar
auf jenem Dache dort,
so schwatzen die Frau Schwalben all'
erst recht in einem fort;
das zwitchert, das zwatschert,
und man versteht kein Wort,
das zwitschert, das zwatschert,
und man versteht kein Wort.

Text und Melodie: volkstümlich.

Frühling

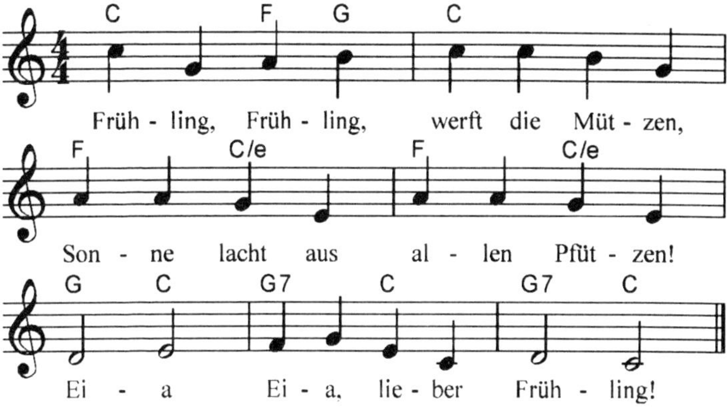

1. Frühling, Frühling, werft die Mützen,
   Sonne lacht aus allen Pfützen!
   Eia, Eia, lieber Frühling!

2. Frühling, Frühling, spielt die Geigen,
   Kätzchen gucken aus den Zweigen!
   Eia, Eia, lieber Frühling

Text und Melodie: volkstümliches Kinderlied.

Gottes Lob mit frohem Munde

Gottes Lob mit frohem Munde,
singen wir zu dieser Stunde.

Kanon. Text und Melodie: Heinrich Leopold Balzer.

Guten Abend, Herr Spielmann

Guten Abend, Herr Spielmann,
wie geht es euch denn,
mit der kleinen Violine,
mit der großen Schrumschrum?
da rasselt der Kessel,
da klingelt der Topf,
da tanzen die Mädchen
einen Galopp.
Tralalalalala!

Text und Melodie: volktümliches Kinderspiellied aus der Gegend von Bacharach am Rhein.

»Guten Morgen« sollt ich sagen

1. »Guten Morgen« sollt ich sagen
und ein schönes Kompliment,
und die Mutter ließ auch fragen,
wie der Pate sich befänd'.
Und der Strauß wär' aus dem Garten,
wenn ihr etwa danach fragt.
An der Tür dann sollt ich warten,
ob ihr mir noch etwas sagt.

2. Und hübsch grüßen sollt ich jeden,
und ganz still sein, wenn man spricht,
und recht deutlich sollt ich reden,
aber schreien sollt ich nicht!
Und ich sollt mich auch nicht schämen,
denn ich wär ja brav und fromm,
und das Mützchen vom Kopfe nehmen,
wenn ich in die Stube komm'.

3. Wenn die Tante mir was geben sollte,
sollt' ich sagen »Danke schön«,
nach der Torte aber sollte
ich nicht unaufhörlich sehn.
Und hübsch langsam sollt ich essen,
stopfen wär' hier gar nicht Brauch!
Und bald hätt' ich's ganz vergessen:
Gratulieren sollt ich auch!

Text und Melodie: Carl Reinicke (1824–1910)

Guten Tag, Herr Gärtnersmann

1. Guten Tag, Herr Gärtnersmann,
hat er wohl Lavendel,
Rosmarien und Thymian
und ein wenig Quendel?

2. Fräulein, ja, das hab ich wohl
draußen in dem Garten.
Wollen Sie so gütig sein
und ein wenig warten.

3. Bursche hol den Sessel 'rein
mit den goldnen Spitzen!
Fräulein wird wohl müde sein,
soll ein wenig sitzen.

4. Alle machen einen Kranz,
reichen sich die Hände,
und dann war der schöne Tanz
und das Spiel zu Ende!

Text und Melodie: volkstümlich;
Kreisspiel mit verteilten Rollen

Die kleinen Kücken

1. Habt ihr es schon mal vernommen,
   wart ihr schon dabei?
   Wenn die kleinen Küken kommen
   aus dem weißen Ei?
   Aus dem weißen Ei?

2. Mit dem Schnabel an den Schale
   machen sie poch, poch,
   einmal, zweimal, viele Male
   und dann gibt's ein Loch.
   Und dann gibt's ein Loch.

3. Kaum aus seinem Ei gekrochen,
   piept das Kücken schon
   Solch ein Piepen, solch ein Pochen,
   das ist Frühlingston!
   Das ist Frühlingston!

Text und Melodie: volkstümlich.

Hans hat Hosen an

Hans hat Hosen an,
und die sind bunt,
und ein Mützchen auf,
und das ist rund.
Kunterbunte Höschen,
Frack mit roten Schößchen!
Hans hat Hosen an,
und die sind bunt.

Text und Melodie: volkstümliches Kinderlied in verschiedenen Varianten weit verbreitet.

Heile, Heile Segen

1. Heile, heile Segen,
morgen gibt es Regen,
übermorgen Schnee,
dann tut es nicht mehr weh.

2. Heile, heile Kätzchen.
Kätzchen hat vier Tätzchen.
Lege auf ein'n saubern Stein,
und dann heilt es ganz allein

Text und Melodie: volkstümlicher Kinderspruch

Heraus aus den Betten

Text und Melodie: volkstümliches Kinderlied.

Schwabenliesel

Hopsa, Schwabenliesel,
dreh dich um und tanz a bissel,
hopsa Schwabenliesel,
dreh dich um und tanz!
Hopsa, Lieselgretel,
dreh dich um,
tanz nach der Fiedel,
hopsa, Lieselgretel,
lupf den Fuß und tanz!

Text und Melodie: volkstümlich, aus Schwaben.

Herr Schmidt! Herr Schmidt!

1. Herr Schmidt! Herr Schmidt!
   Was kriegt denn Julchen mit?
   Ein'n Schleier und 'nen Federhut.
   Sie stehn dem Mädchen ja zu gut.
   Herr Schmidt! Herr Schmidt!
   Das kriegt das Julchen mit.

2. Herr Schmidt! Herr Schmidt!
Was kriegt denn Gustchen mit?
Die Guste ist für Sie kein Kraut,
denn sie ist, Gott sei Dank! schon Braut.
Herr Schmidt! Herr Schmidt!
Das kriegt das Gustchen mit.

3. Herr Schmidt! Herr Schmidt!
Was kriegt denn Dörtchen mit?
'ne Wiege und schön Kinderzeug,
wenn's dann so weit ist, hat sie's gleich.
Herr Schmidt! Herr Schmidt!
Das kriegt das Dörtchen mit.

Text und Melodie: volkstümlich.

Sommer und Winter

1. Heut ist ein freudenreicher Tag,
daß man den Sommer gewinnen mag.
Ihr Herren mein,
der Sommer ist fein!

2. Ich bin der Winter mit allem Fleiß,
zu meiner Zeit liegen die Felder schneeweiß.
Ihr Herren mein,
der Winter ist fein!

3. So bin ich, der Sommer, also kühn,
zu meiner Zeit werden die Felder grün.
Ihr Herren mein,
der Sommer ist fein!

4. So komm ich aus dem Gebirg geschwind
und bring mit mir den kühlen Wind.
Ihr Herren mein,
der Winter ist fein!

5. Wohlan, wohlan, Johannistag
mäh ich mein Gras auf den Wiesen ab.
Ihr Herren mein,
der Sommer ist fein!

6. Mähst du es ab, so heb ich's auf
und mach ein gutes Futter draus.
Ihr Herren mein,
der Winter ist fein!

7. Wohlan, wohlan, Jakobitag
scheid ich mein Korn und Wiesen ab.
Ihr Herren mein,
der Sommer ist fein!

8. Schneidst du es ab, so dresch ich's aus
und mach mir gute Kuchen draus.
Ihr Herren mein,
der Winter ist fein!

9. O Winter, du darfst jetzt nicht viel sag'n,
bald werd ich dich aus dem Sommerland jag'n.
Ihr Herren mein,
der Sommer ist fein!

10. Mein lieber Sommer, jetzt geb ich dir recht,
du bist mein Herr und ich bin dein Knecht.
Ihr Herren mein,
der Winter ist fein!

11. Ei, Bruder, reich mir deine Hand,
wir reisen mitsammen ins Sommerland.
Ihr Herren mein,
der Sommer [Winter] ist fein.

Die Strophen dieses Liedes werden als Wettgesang zwischen Sommer und Winter aufgeteilt und gesungen. Die letzte Strophe wird von Sommer und Winter gemeinsam gesungen.

Text und Melodie: volkstümlich, aus Bayern.

Heut soll das große Flachsernten sein

1. Heut soll das große Flachsernsten sein!
Dann woll'n wir hecheln, spinnen gar fein!
Dann nähen wir uns Hemd und auch Rock,
schwingen uns froh zum Tanze.
Dum, dum dum, dum dum dum,
Webstuhl schnell geht,
Spule sich dreht,
dum, dum, dum, dum, dum, dum,
schwinget euch froh zum Tanze!

2. Heut soll das große Flachshecheln sein!
Dann woll'n wir spinnen, weben gar fein!
Dann nähen wir uns ...

3. Heut soll das große Flachsspinnen sein!
Dann woll'n wir raufen, hecheln gar fein!
Dann nähen wir uns ...

4. Heut soll das große Leinweben sein,
weil wir den Flachs gesponnen so fein!
Dann nähen wir uns ...

5. Heut soll für uns ein Freudentag sein,
weil uns gelang die Arbeit so fein!
Dann nähen wir uns ...

Text und Melodie: volkstümlich aus Schweden;
aus dem 19. Jahrhundert.

Heute wollen wir dasRänzlein schnüren

1. Heute wollen wir das Ränzlein schnüren,
Lachen, Lust und Frohsinn mit hinein.
Golden scheinet uns die Sonn zur Freude,
lockend tönt der Amsel Ruf im Hain.
Jauchze, Fiedel!
Sing ein Liedel,
laß die Sorgen all zu Haus:
denn wir wandern, denn wir wandern,
denn wir wandern in die Welt hinaus.

2. Haben wir des Berges Höh' erklommen,
schauen lachend wir ins Tal zurück:
Lebet wohl, ihr engen staub'gen Gassen,
heute winkt uns der Scholaren Glück.
Jauchze, Fiedel! ...

3. Unser ist des heil'gen Waldes Dunkel
und der blühend Heide Scharlachkleid
und des Kornes goldne, reife Wogen,
all das Blühn und Werden weit und breit.
Jauchze, Fiedel! ...

Text (nach Reinhold Schaad, 1884) und Melodie: volkstümlich, aus dem 19. Jahrhundert.

Hü, mein Pferdchen, hü!

1. Mami, bist Du mein Pferdchen heut?
Sattelzeug liegt schon bereit.
Aus Schnur wir Zügel schneiden.
Wird Dich die Schnur nicht reiben?
Hü, hü, hü, mein Pferdchen, hü!

2. Brav so, mein Pferdchen ißt aus der Hand
schönstes Gras vom Grabenrand.
Ich mag gern für Dich pflücken,
Du brauchst Dich nicht zu bücken.
Hü, hü, hü, mein Pferdchen, hü!

3. Mami, Du bist ein gutes Pferd.
Machen wir am Stein dort kehrt?
Lauf' ruhig schneller weiter,
ich bin ein wilder Reiter!
Hü, hü, hü, mein Pferdchen, hü!

Text und Melodie: Uta Willms.

Ich bin der Lumpenmann

1. Ich bin der Lumpenmann,
   das seht ihr mir wohl an.
   Ich kaufe Lumpen nach der Dicke,
   nach der Dünn' und nach der Länge;
   drum geh ich von Haus zu Haus
   und ruf aus vollem Halse 'raus:
   Lumpen! Lumpen!

2. Die Leute sagten mir:
in diesem Hause hier,
da gäb' es Lumpen nach der Dicke,
nach der Dünn' und nach der Länge,
Lumpen, ganze Zentner schwer.
Darum komm ich zu euch her.
Lumpen! Lumpen!

3. Ich sehe nun gar wohl,
an Lumpen ist's hier voll.
Doch weiß ich nicht, bei meiner Seele,
was ich hier für Lumpen wähle.
Ihr paßt all' in meinen Sack,
doch zu schwer wird mir der Pack.
Lumpen! Lumpen!

4. Jetzt geb' ich meinen Kauf,
den Lumpenhandel auf.
Es möchten sonst die Leute sagen:
Will der Lump nach Lumpen fragen?
Am Ende komm' ich ins Geschrei,
daß ich selbst ein Lümpchen sei.
Lumpen! Lumpen!

Text und Melodie: volkstümlich, aus Franken.

Ich bin ein kleiner Tiger

Text und Melodie: Uta Willms.

Ich hab die Nacht geträumet

1. Ich hab die Nacht geträumet
wohl einen schweren Traum:
es wuchs in einem Garten
ein Rosmarienbaum.

2. Ein Kirchhof war der Garten,
ein Blumenbeet das Grab,
und von dem grünen Baume
fiel Kron' und Blüte ab.

3. Die Blätter tät ich sammeln
in einen goldnen Krug,
der fiel mir aus den Händen,
daß er in Stücke schlug.

4. Draus sah ich Perlen rinnen
und Tröpflein rosenrot.
Was mag der Traum bedeuten?
Ach Liebster, bist du tot?

Text und Melodie: nach Christoph Friedrich Nicolai (1777).

Ich bin ein Musikante

1. Ich bin ein Musikante
und komm aus Schwabenland.
Wir sind auch Musikanten
und komm'n aus Schwabenland.
Ich kann spielen, wir können spielen,
die Trompete, die Trompete:
teng-teng-tereng, teng-teng-tereng,
teng-teng-tereng, teng-teng.

2. Ich bin ein Musikante …
Ich kann spielen, wir können spielen,
die Posaune, die Posaune:
dohidoha, dohidoha,
dohidoha, dohi.

3. Ich bin ein Musikante …
Ich kann spielen, wir können spielen,
die Flöte, die Flöte:
(Refrain: pfeifen).

4. Ich bin ein Musikante …
Ich kann spielen, wir können spielen,
die Klarinette, die Klarinette:
tühütütü, tühütütü,
tühütütü, tühü.

5. Ich bin ein Musikante …
Ich kann spielen, wir können spielen,
die Trommel, die Trommel:
daramdamdam, daramdamdam,
daramdamdam, daram.

6. Ich bin ein Musikante …
Ich kann spielen, wir können spielen,
auf der Pauke, auf der Pauke:
bumbumberum, bumbumberum,
bumbumberum, bumbum.

7. Ich bin ein Musikante …
Ich kann spielen, wir können spielen,
die Geige, die Geige:
simsimserim, simsimserim,
simsimserim, simsim.

8. Ich bin ein Musikante …
Ich kann spielen, wir können spielen,
den Kontrabaß, den Kontrabaß:
schrumschrumscherum, schrumschrumscherum,
schrumschrumscherum, schrumschrum.

9. Ich bin ein Musikante …
Ich kann spielen, wie können spielen,
das Fagott, das Fagott:
bobobobo, bobobobo,
bobobobo, bobo.

Text und Melodie: volkstümlich, Spiellied aus Schlesien.

Ich hört' ein Sichelein rauschen

2. Laß rauschen, Lieb, laß rauschen!
Ich acht nicht, wie es geh,
ich hab' mir ein' Buhlen erworben
in Veil' und grünem Klee.

3. Hast du ein' Buhlen erworben
in Veil' und grünem Klee,
so steh ich hier alleine,
tut meinem Herzen weh.

Text: nach einem Volkslied aus dem 16. Jahrhundert; Melodie: aufgezeichnet von Anton Wilhelm Florentin von Zuccalmaglio (1858).

Ich lache so wie Du!

1. Das Häschen hüpft,
das Mäuschen schlüpft
ins Haus hinein.
Der Vogel singt,
die Katze springt
zum Haus heraus.

Ich kann hüpfen,
ich kann schlüpfen,
ich kann singen,
ich kann springen.

Ich lern' alles, alles leicht,
alles, was Du gern mir zeigst.
Und ich lache noch dazu,
lache, lache, lache, lache so wie Du!

2. Der Heuschreck geigt,
der Seestern schweigt
bei Tag und Nacht.
Der Igel hockt,
die Ziege bockt
mit Spaß und Lust.

Ich kann geigen,
ich kann schweigen,
ich kann hocken,
ich kann bocken.

Ich lern' alles, alles leicht,
alles, was Du gern mir zeigst.
Und ich lache noch dazu,
lache, lache, lache, lache so wie Du!

3. Der Esel schreit,
das Schweinchen kleit
im Matsch herum.
Das Faultier schläft,
der Maulwurf gräbt
die Erde um.

Ich kann schreien,
ich kann kleien,
ich kann schlafen,
ich kann graben.

Ich lern' alles, alles leicht,
alles, was Du gern mir zeigst.
Und ich lache noch dazu,
lache, lache, lache, lache so wie Du!

Text und Melodie: Uta Willms.

Das Taubenhaus

2. Und kehren sie heim zur guten Ruh', dann schließen wir wieder das Taubenhaus zu! Und hörst du sie dann, erzählen sie sich, wie's draußen im Freien so wonniglich!

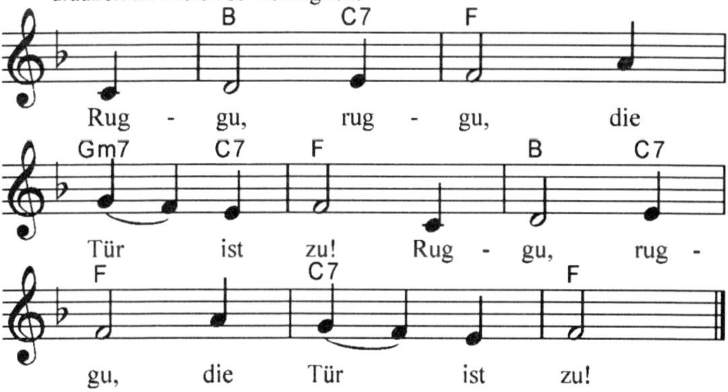

Text und Melodie: volkstümlich.

Ich trag ein goldnes Ringelein

Mädchen: »Trügst du auch nicht mein Ringelein,
Schatz, an deinem Fingerlein,
ich würde drum nicht traurig sein,
Schatz, ich weinte nicht.
Hei, weil ein Ring, der fester sitzt,
längst um dein Herz geschmiedet ist,
hei, weil ein Ring, der fester sitzt,
längst um dein Herz geschmiedet ist.«

Text und Melodie: volkstümlich, aus Hessen.

Ich trinke aus dem Brunnen

1. Ich trinke aus dem Brunnen
und dann kommst du.
Dann kommen Nachbars Pferde dran
und dann die Kuh.

2. Dann baden sich die Finken
mit lustigem Gezank!
Sie wetzen ihre Schnäbelchen
und singen Gott zum Dank!

Text und Melodie: volkstümliches Kinderlied.

Ich wollt' ein Bäumlein steigen

1. Ich wollt' ein Bäumlein steigen,
das nicht zu steigen war.
Da brachen alle Ästelein*,
da brachen alle Ästelein,
und ich fiel in das Gras,
und ich fiel in das Gras.

2. Ach, wenn das doch mein Schätzchen wüßt,
daß ich gefallen wär,
es tät so manchen weiten Schritt,
es tät so manchen weiten Schritt,
bis daß es bei mir wär,
bis daß es bei mir wär.

3. Die Blätter von dem Bäumchen,
die fielen** all auf mich.
Daß mich mein Schatzverlassen hat,
daß mich mein Schatz verlassen hat,
das kränket mich ja nicht,
das kränket mich ja nicht.

4. Daß mich mein Schatz verlassen hat,
das ist noch so und so.
Er wird bald wiederkommen,
er wird bald wiederkommen,
von Herzen bin ich froh,
von Herzen bin ich froh.

5. Und kommt er dann nicht wieder,
so bleibt er weg von mir,
heirat' ich einen anderen,
heirat' ich einen anderen,
was frag ich denn nach dir?
Was frag ich denn nach dir?

6. Es ist kein Apfel so rosenrot,
es steckt ein Wurm darin.
Es ist kein Bürschchen auf der Welt,
es ist kein Bürschen auf der Welt,
es führt ein' falschen Sinn,
es führt ein' falschen Sinn.

7. Ein falscher Sinn, ein froher Mut
verführt das junge Blut.
Ich hab's gehört von Alten,
ich hab's gehört von Alten,
die Lieb tut selten gut,
die Lieb tut selten gut.

* Das Brechen der Äste symbolisiert die Untreue.
** Die fallenden Bätter bedeuten die gebrochene Treue.

Text und Melodie: volkstümlich, aus dem 19. Jahrhundert.

Ihren Liebsten zu erwarten

1. Ihren Schäfer zu erwarten,
tral-le-ra-ri, ti-ral-le-ral-la,
schlich sich Phyllis in den Garten,
tral-le-ra-ri, ti-ral-le-ral-la.
In dem dunklen Myrtenhain
schlief das lose Mädchen ein.
Tral-le-ra-ri, ti-ral-la-la-la,
ti-ral-le-ra-ri, ti-ral-le-ral-la.

2. Ihre Mutter kam ganz leise, ...
nach der alten Mütter Weise, ...
nachgeschlichen, o wie fein,
fand das Mädchen ganz allein. ...

3. Ihrem Schlummer halb entrissen, ...
von den zarten Mütterküssen, ...
rief die Kleine: »O Damöt,
warum kommt du heut so spät?« ...

4. »Ei, so hast du mich belogen? ...
Deine Unschuld ist betrogen! ...
Ihm zur Schmach und dir zur Pein
sperr ich dich ins Kloster ein!« ...

5. »Kloster ist nicht mein Verlangen. ...
Du bist selbst nicht 'neingegangen. ...
Und wenn's allen so sollt gehn,
möcht ich mal die Klöster sehn!«

Text: erschienen 1771 in Nürnberg in einer Wochenschrift ohne Angaben des Verfassers; Melodie: volkstümlich, aus Oberschlesien.

Das Waldhaus

In dem Walde steht ein Haus,
schaut ein Reh zum Fenster 'raus,
[Mit den Händen ein Haus formen, Finger als Brille vor die Augen halten]
kommt ein Häslein angerannt,
klopfet an die Wand!
[Mit den Fingern rennen darstellen und klopfen]
Hilfe, Hilfe, hilf mir doch!
Sonst schießt mich der Jäger tot!
[Arme hoch, mit den Armen und Fingern ein Gewehr darstellen]
Komm', ach komm' doch her zu mir,
reich' mir deine Hand!
[Mit Armen und Händen herbeirufen und sich die Hände reichen]

Text und Melodie: volkstümliches Spiellied.

Laterne

1. In meiner Laterne brennt ein helles Licht!
   Heller leuchten Sonne, Mond und Sterne nicht!
   Verlösch' mir nicht, du liebes Licht, Laterne.

2. Durch den dunklen Abend gern die Kinder gehn,
   brennende Laternen leuchten wunderschön!
   Verlösch' mir nicht, du liebes Licht, Laterne.

3. Alle andern Kinder sind schon längst zu Haus,
   denn ihre Laternen gingen alle aus.
   Verlösch' mir nicht, du liebes Licht, Laterne.

Text und Melodie: mündlich überliefert; aufgezeichnet von Carla-Maria Rieke.

Ist ein Mann in'n Brunn' gefallen

Ist ein Mann in'n Brunn' gefallen,
hab ihn hören plumpsen.
Wär er nicht hineingefallen,
wär er nicht ertrunken.

Text und Melodie: volkstümlich.

Jakob hat kein Brot im Haus

Jakob hat kein Brot im Haus!
Jakob macht sich garnichts draus!
Jakob hin, Jakob her,
Jakob ist ein Zottelbär!

Text und Melodie: volkstümlich.

Kindlein mein

1. Kindlein mein, schlaf nun ein, weil die Sternlein kommen,
   und der Mond kommt auch schon wieder angeschwommen.
   Ei-a, Wieglein, Wieglein mein,
   schlaf, mein Kindlein, schlafe ein!

2. Kindlein mein, schlaf doch ein, denn die Nacht kommt
   und der Wind summt dem Kind seine Wiegenlieder. [nieder
   Ei-a, Wieglein, Wieglein mein,
   schlaf mein Kindlein, schlafe ein

Text und Melodie: volkstümlich, aus Mähren.

Kräht der Hahn früh am Morgen

1. Kräht der Hahn früh am Morgen,
kräht er laut, kräht er weit:
Guten Morgen, liebe[r] – –*,
dein Geburtstag ist heut.

2. Kommt das Häschen gesprungen,
macht es Männchen vor Freud:
Guten Morgen, liebe[r] – –*,
dein Geburtstag ist heut.

* hier den entsprechenden Namen einfügen.

Text und Melodie: volkstümlich.

Kalter Schnee

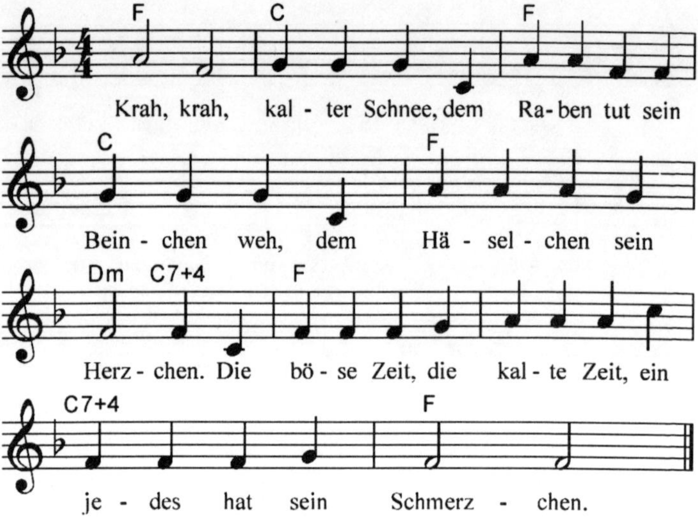

1. Krah, krah, kalter Schnee,
dem Raben tut sein Beinchen weh,
dem Häselchen sein Herzchen.
Die böse Zeit, die kalte Zeit,
ein jedes hat sein Schmerzchen.

2. Heile Fingerchen, heile,
es dauert noch'ne Weile,
es dauert noch bis Rosmarin.
Dann ist lauter Sonnenschein!
Heile Fingerchen, heile!

Text und Melodie: mündlich überliefert;
aufgezeichnet von Carla-Maria Rieke.

Laßt uns auf die Wiese geh'n

1. Laßt uns auf die Wiese gehn,
Klein Marei und tanzen!
Wo die bunten Blümlein stehn,
woll'n wir lustig tanzen!
Eins, zwei, drei, eins zwei drei,
o wie schön tanzt Marei!
  Eins, zwei drei, eins zwei drei
  tanzet Klein Marei!

2. Mußt dein Röckchen fassen an,
tanzen auf den Zehen
und beim Tanzen mußt du dann
dich noch lustig drehen!
  Eins, zwei drei ...

Text und Melodie: mündlich überliefert; aufgezeichnet von Carla-Maria Rieke.

Lieber Regen, geh' weg

Lieber Regen, geh weg
mit deiner langen Nase,
liebe Sonne, komm wieder
mit deinem Gefieder!
Mit dem goldenen Strahl
vom Himmel herdahl! [herab]

Text und Melodie: mündlich überliefert;
aufgezeichnet von Carla-Maria Rieke.

Liebes Hündchen, krieg' mich doch

1. Liebes Hündchen, krieg' mich doch
und spring mir an die Beine,
ich hab' ja keine Angst vor dir,
du bist ja noch so kleine!

2. Liebes Hündchen, komm' mal her,
ich hab' etwas zu nagen!
Ich hab' ein schönes Knöchelchen,
du mußt nur »bitte« sagen.

3. Liebes Hündchen, merk' dir das:
Laß Mohrle ungeschoren!
Sonst faucht's und zieht den Rücken krumm
und kratzt dich an den Ohren!

Text und Melodie: mündlich überliefert;
aufgezeichnet von Carla-Maria Rieke.

Lirum, larum, Löffelstiel

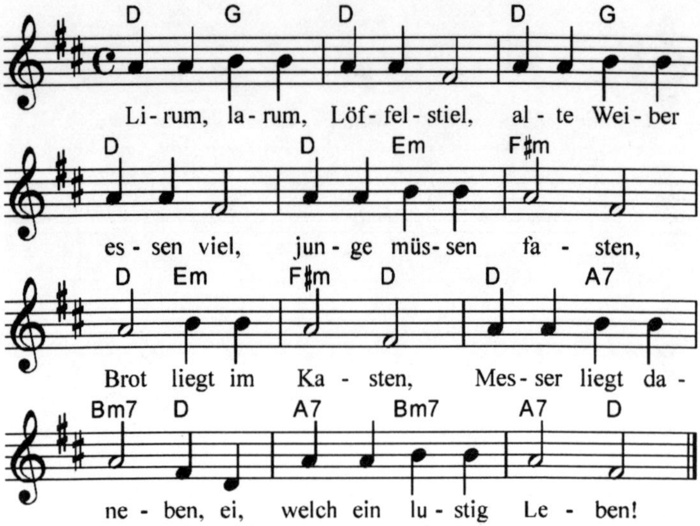

Lirum, larum, Löffelstiel,
alte Weiber essen viel,
junge müssen fasten,
Brot liegt im Kasten,
Messer liegt daneben,
ei, welch ein lustig Leben!

Text und Melodie: volkstümlich.

Mädel, wasch dich, putz dich

Text und Melodie: volktümliches Tanzlied, aus Schleswig-Holstein.

Maiglöckchen läutet in dem Tal

2. Die Blümchen blau und gelb und weiß,
die kommen all herbei,
Vergißmeinnicht und Ehrenpreis,
Zeitlos' und Akelei.

3. Maiglöckchen spielt zum Tanz im Nu,
und alle tanzen dann,
der Mond sieht ihnen freundlich zu,
hat seine Freude dran.

4. Den Junker Reif verdroß das sehr,
er kommt ins Tal hinein,
Maiglöckchen spielt zum Tanz nicht mehr,
fort sind die Blümelein.

5. Doch kaum der Reif das Tal verläßt,
da rufet wiederum
Maiglöckchen zu dem Frühlingsfest
und läutet bim, bam, bum.

6. Nun hält's auch mich nicht mehr zu Haus,
Maiglöckchen ruft auch mich.
Die Blümchen gehn zum Tanz hinaus,
zum Tanze geh auch ich.

Text und Melodie: volkstümlich aus dem 19. Jahrhundert.

Mei Mutter mag mi net

1. Mei Mutter mag mi net,
und kein Schatz han i net,
ei, warum stirb i net?
Was tu i do?

2. Gestern ischt Kirchweih gwe,
mich hat mer gwiß net gseh;
denn mir ischt gar so weh.
I tanz jo net.

3. Laß die drei Rösle stehn,
die dort am Kreuzle blühn!
Hent ihr das Mädele kennt,
das drunter leit?

Text und Melodie: volkstümlich, aus Schwaben.

Mein Bär

C
1. Mein Bär ist kei - ne Pup - pe, mein
2. Ich weiß ihn an - zu - zie - hen, ganz
3. Mein Bär hat auch ein Bett - chen, sehr
G C
Bär, der ist mein Kind. Mit ihm bin ich so
echt und rich - tig schön. Ach, bleib doch stehn und
nied - lich und sehr klein, doch möch - te er viel
G C
lie - be - voll, wie Müt - ter im - mer sind.
sieh mir zu, ich hab' mit ihm zu tun. 1.-3. Dich
lie - ber noch, im Arm ge - tra - gen sein.
E Am
trag' ich in den Ar - men. Du
D7 G7 E
bist sehr schwer für mich, doch ge - hen ist noch
Am D7 G7
schwie - ri - ger, mein klei - ner Bär für Dich.
C
4. Mein Bär ist kei - ne Pup - pe, mein
G C
Bär, der ist mein Kind. Mit ihm bin ich so
G C
lie - be - voll, wie Müt - ter im - mer sind.

1. Mein Bär ist keine Puppe,
mein Bär, der ist mein Kind.
Mit ihm bin ich so liebevoll,
wie Mütter immer sind.
Dich trag' ich in den Armen.
Du bist sehr schwer für mich,
doch gehen ist noch schwieriger,
mein kleiner Bär für Dich

2. Ich weiß ihn anzuziehen,
ganz echt und richtig schön.
Ach, bleib doch stehn und sieh mir zu,
ich hab' mit ihm zu tun.
Dich trag' ich in den Armen …

3. Mein Bär hat auch ein Bettchen,
sehr niedlich und sehr klein,
doch möchte er viel lieber noch,
im Arm getragen sein.
Dich trag' ich in den Armen …

4. Mein Bär ist keine Puppe,
mein Bär, der ist mein Kind.
Mit ihm bin ich so liebevoll,
wie Mütter immer sind.

Text und Melodie: Uta Willms.

Meine Freunde

1. In unserm Garten sorge ich
   für Tiere, die ich kenne.
   Und wirklich, sie verstehen mich,
   wenn ich die Namen nenne.
      Buller, mein Igel,
      Eichhörnchen Kern,
      Mischka, mein Kater,
      Euch hab' ich gern!

2. Der Igel schläft im Laub versteckt;
die Augen kann ich sehen
nur abends, wenn er Milch ausschleckt;
er kann mich gut verstehen.
Buller, mein Igel,
Eichhörnchen Kern,
Mischka, mein Kater,
Euch hab' ich gern!

3. Für Kern leg' ich die Nüsse aus,
und wenn ich nach ihm rufe,
dann springt er aus dem Baum heraus,
aus unsrer großen Buche.
Buller, mein Igel,
Eichhörnchen Kern,
Mischka, mein Kater,
Euch hab' ich gern!

4. Mein Kätzchen trage ich im Arm,
da schnurrt es, fühlt sich wohlig.
Ich fühl' sein Herz, sein Fell so warm,
und drück' es an mich mollig.
Buller, mein Igel,
Eichhörnchen Kern,
Mischka, mein Kater,
Euch hab' ich gern!

Text und Melodie: Uta Willms.

Meine Blümchen haben Durst

1. Meine Blümchen haben Durst,
hab's ja wohl gesehen,
hurtig, hurtig will ich drum,
hin zum Brunnen gehen.

2. Frisches Wasser geb' ich euch,
wartet nur ein Weilchen,
wartet nur ihr Röslein rot
und ihr blauen Veilchen!

3. Sehr, hier habt ihr Wasser schon,
trinkt nun mit Behagen,
blüht und duftet noch recht lang,
wollt ihr Dank mir sagen!

Text: Christian Diefenbach;
Melodie Karl August Kern (1836–1897).

Mein Handwerk fällt mir schwer

1. Mein Handwerk fällt mir schwer,
drum lieb ich's noch viel mehr.
Es freuet mich von Herzen,
es bringt mir keine Schmerzen,
mein Handwerk fällt mir schwer,
drum lieb ich's noch viel mehr

2. Im Sommer in dem Wald,
wo unsre Axt erschallt,
des Meisters Geld tut klingen,
die Nachtigall tut singen;
da spür ich nichts als Lust
in meiner Herzensbrust.

3. Die Schnur, die ziehn wir auf
nach rechtem Handwerksbrauch;
den Zirkel zum Abstechen,
den Zollstock zum Abmessen
die rechte Höh und Breit,
die Läng ist auch dabei.

4. Ist nun ein Bau vorbei,
so gibt's auch Schmauserei;
gut's Essen und gut's Trinken,
gebackne Fisch und Schinken,
gut Bier und kühlen Wein,
da wolln wir lustig sein!

Text und Melodie volkstümlich;
Zimmergesellenlied aus Schweinfurt

Mein Kätzchen, das Schätzchen

1. Mein Kätzchen,
   das Schätzchen
   hat dreierlei Haar,
   hat weißes,
   hat schwarzes
   und gelbes sogar!

2. Es leckt sich
   und schleckt sich,
   denn das ist doch klar,
   daß das Kätzchen
   sehr stolz ist
   auf dreierlei Haar.

Text und Melodie: mündlich überliefert;
aufgezeichnet von Carla-Maria Rieke.

Meine Mutter hat gestreuet

Meine Mutter hat gestreuet
Zuckererbsen in den Garten.
Da kamen die Hühner
und pickten sie auf.
‖: Hühner, Hühner, weh o weh,
wenn das meine Mutter säh! :‖

Text und Melodie: mündlich überliefert;
aufgezeichnet von Carla-Maria Rieke.

Mein Mützchen schön schwarz

1. Mein Mützchen schön schwarz
und mein Schürzchen schön weiß
und mein Röckchen schön rot,
also dreh' ich mich im Kreis.
Duadi, duada, falleri, fallera,
duadi, duada, und falleri, fallera!

2. Und ich kann's garnicht sag'n
wie mich all' das so freut
und den Vater, und die Mutter,
und im Dorfe alle Leut'!
Duadi, duada, falleri, fallera,
duadi, duada, und falleri, fallera!

Text und Melodie: volkstümlich.

Mir ist ein schöns brauns Maidelein

1. Mir ist ein schöns brauns Maidelein
gefallen in meinen Sinn,
wollt Gott, ich sollt heut bei ihr sein,
mein Trauern führt dahin.
Kein Tag und Nacht hab ich kein Ruh,
das schafft ihr schön Gestalt,
ich weiß nit, was ich fürder tu,
mein feins Lieb macht mich alt.

2. Dem Maidlein ich gern dienen wollt,
wenn ich's mir fügen könnt,
darum hab ich der Neider viel,
daß mir nicht wird vergunnt.
Ich hoff, sie soll's erfahren bald,
wie ich's so treulich mein,
auf Erd ich mir nichts wünschen wollt,
denn sein bei ihr allein.

3. Dem Maidlein ich mein Treu versprich
zu Ehr und anders nicht,
als was doch gut und ehrlich ist,
darnach ich mich stets richt.
Soll denn mein Treu verloren sein,
kränkt mir mein Sinn und G'müt,
ich hoff, sie soll's erfahren schier,
mein Sach soll werden gut.

Text und Melodie: volkstümlich; aus dem 16. Jahrhundert.

Müde bin ich, geh zur Ruh'

1. Müde bin ich, geh' zur Ruh',
schließe beide Äuglein zu.
Vater, laß die Augen dein
über meinem Bettchen sein.

2. Alle, die mir sind verwandt,
Gott laß ruh'n in deiner Hand!
Alle Menschen groß und klein,
sollen dir befohlen sein!

3. Kranken Menschen sende Ruh,
nasse Augen schließe zu;
laß den Mond am Himmel steh'n
und die stille Welt beseh'n.

Text und Melodie: volkstümlich.

O du lieber Augustin

O du lieber Augustin, Augustin, Augustin,
o du lieber Augustin, alles ist hin!
Rock ist weg, Stock ist weg,
Augustin liegt im Dreck.
O du lieber Augustin, alles ist hin!

Text und Melodie: volkstümlich, vor 1800.

O du schöner Rosengarten

1. O du schöner Rosengarten,
   o du schöner Lorienstrauß*,
   bist mir stets in meinem Herzen,
   kommst mir nimmermehr heraus.

2. Vater und Mutter wolln's nit leiden,
   gelt, mein Schatz, das weißt du wohl;
   sag mir die gewisse Stunde,
   wo ich zu dir kommen soll.

3. Bin so oft bei dir gewesen,
   manche schöne halbe Nacht,
   und bei dir den Schlaf vergessen
   und in Liebe zugebracht.

4. O du schöner Rosengarten,
   o du schöner Himmelsthron!
   Ei, wie lang muß ich noch warten?
   Hätt ich dich nur wirklich schon.

* Lorbeer

Text und Melodie: volkstümlich, aus Lothringen.

Ohne Pfeffer im Gericht

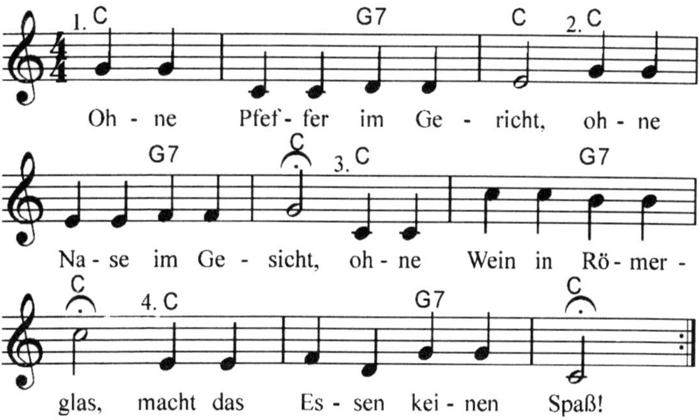

Ohne Pfeffer im Gericht,
ohne Nase im Gesicht,
ohne Wein im Römerglas,
macht das Essen keinen Spaß!

Kanon. Text und Melodie: Heinrich Leopold Balzer.

O, wie ist es kalt geworden!

1. O, wie ist es kalt geworden
und so traurig, öd und leer!
Rauhe Winde wehn von Norden,
und die Sonne scheint nicht mehr!

2. Auf die Berge möcht' ich fliegen,
möchte seh'n ein grünes Tal,
möcht' in Gras und Blumen liegen
und mich freu'n am Sonnenstrahl.

3. Möchte hören die Schalmeien
und der Herden Glockenklang,
möchte freuen mich im Freien
an der Vögel süßem Sang!

4. Schöner Frühling, komm doch wieder,
lieber Frühling, komm doch bald!
Bring' uns Blumen, Laub und Lieder,
schmücke wieder Feld und Wald!

Text: August Heinrich Hoffmann von Fallersleben (1798–1874);
Melodie: volkstümlich, aus dem 19. Jahrhundert.

Petersil und Suppenkraut

Petersil und Suppenkraut
wächst in unserm Garten,
unsre Grete ist die Braut,
soll nicht lang mehr warten.
Roter Wein, weißer Wein,
morgen soll die Hochzeit sein.

Text und Melodie: volkstümlich, aus Ostpreußen;
nach Frischbier, *100 ostpreußische Volkslieder*, 1893.

Piep, piep, piep

1. Piep, piep, piep!
   Hab' das Vöglein lieb!
   Überall ist Schnee,
   find't kein Futter mehr!
   Tu ihm Körner streuen,
   das Vöglein wird sich freuen!

2. Piep, piep, piep,
   hab' das Vöglein lieb!
   Kommt zum Fenster her,
   betteln wird ihm schwer.
   Singt so viele Lieder –
   drum schenkt ihm etwas wieder!

Text und Melodie: mündlich überliefert;
aufgezeichnet von Carla-Maria Rieke.

Putt, putt, putt, ihr Hühnerchen

1. Putt, putt, putt, ihr Hühnerchen,
   was habt ihr denn getan?
   Denn seit zwei langen Stunden schon
   fehlt euer lieber Hahn!

2. Das Hähnchen war auf's Dach geflog'n,
   zum Bodenloch hinein,
   da schlug der Wind die Türe zu,
   es muß gefangen sein!

3. Und nach zwei bangen Stunden erst,
   da öffnet sich die Tür.
   Kikeriki, ihr lieben Hühnerchen,
   jetzt bin ich wieder hier!

Text und Melodie: mündlich überliefert;
aufgezeichnet von Carla-Maria Rieke.

Regentröpfchen

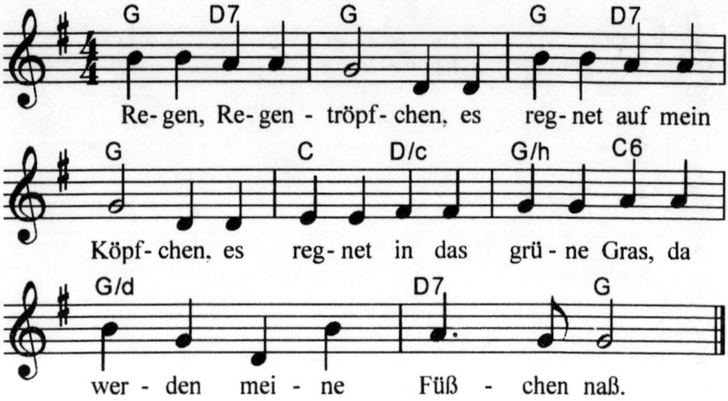

Regen, Regentröpfchen,
es regnet auf mein Köpfchen,
es regnet in das grüne Gras,
da werden meine Füßchen naß.

Text und Melodie: mündlich überliefert;
aufgezeichnet von Carla-Maria Rieke.

Ri-ra-rutsch

1. Ri-ra-rutsch! Wir fahren mit der Kutsch.
   Wir fahren über Stock und Stein,
   da bricht der Schimmel sich ein Bein.
   Ri-ra-rutsch, es ist nichts mit der Kutsch.

2. Ri-ra-ritten! Wir fahren mit dem Schlitten.
   Wir fahren übern tiefen See,
   da bricht der Schlitten ein, o weh.
   Ri-ra-ritten,
   wir fahren in dem Schlitten.

3. Ri-ra-romnibus! Wir fahren mit dem Omnibus.
   Der Fahrer schläft. Da macht es: bum!
   Da fällt der alte Kasten um.
   Ri-ra-romnibus,
   da liegt der dumme Omnibus.

Text und Melodie: volkstümlich.

Rummeldöppen

Rau, rau, Rummeldöppen!
Morgen geiht et'n Reigen höppen.
Drop un dran
Jongen ran:
Fasnachtabend kümmt heran.

Text und Melodie: volkstümliches Fasnachtslied aus der Gegend um Köln.

Lustige Schäfer

2. Schäfer, sag, was willst du trinken?
»Roten Wein und Zimmet drein.
Roter Wein und Zimmet drein
muß für lust'ge Schäfer sein.
Und ich sag: …«

3. Schäfer, sag, wo tust du schlafen?
»Drauß' im Feld bei meinen Schafen
müssen lust'ge Schäfer schlafen.
Und ich sag: …«

4. Schäfer, sag, wo tust du tanzen?
»Drauß' im Feld bei meinem Ranzen
müssen lust'ge Schäfer tanzen.
Und ich sag: …«

Worte und Weise: volkstümlich, aus dem Untertaunus.

Schätzle, bist stolz

1. »Schätzle, bist stolz und kennst mi net, kennst mi net,
oder sind das dei Fenster net, Fenster net,
oder sind das dei Fenster net?«

2. »Ich bin nicht stolz, ich kenn dich schon, kenn dich schon.
Du hast einen Rausch, ich seh dir's an, seh dir's an.
Du hast einen Rausch, ich seh dir's an.«

3. »Hab einen Rausch, das macht der Wein, macht der Wein;
Schätzle, steh auf und laß mich ein, laß mich ein!
Schätzle, steh auf und laß mich ein!«

4. »Ich steh net auf, laß dich net 'rein, dich net 'rein.
Es könnt heut nacht mein Unglück sein, Unglück sein.
Es könnt heut nacht mein Unglück sein.

Text und Melodie: volkstümlich, aus dem Badischen.

Schneck im Haus

Schneck im Haus,
komm heraus!
Strecke deine Hörner aus!
Wenn du sie nicht strecken willst,
werf ich dich in Graben,
fressen dich die Raben,
kommt das Kalb,
frißt dich halb,
kommt das Schwein,
frißt dich ganz und gar hinein

Text und Melodie: volkstümlicher Kinderreim.

Schneemann

1. Schneemann, rolle, rolle,
du kriegst aus weißer Wolle
einen dicken Mantel an,
Kohlen sind als Knöpfe dran.

2. Schneemann, sei nicht trübe,
kriegst ’ne rote Rübe
zwischen deine Äugelein,
soll ein niedlich Näslein sein!

3. Schneemann, du kannst prahlen,
zwei Kartoffelschalen,
unter deinem Sonntagshut
stehen dir als Ohren gut!

Text und Melodie: mündlich überliefert;
aufgezeichnet von Carla-Maria Rieke.

Mein Roller

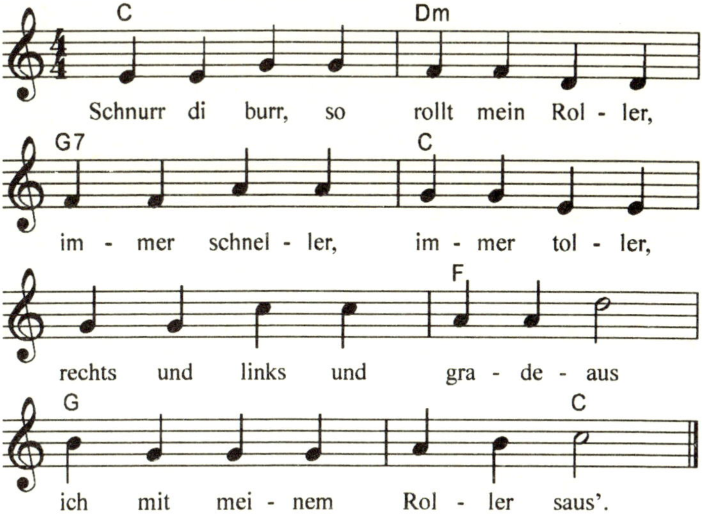

1. Schnurr di burr, so rollt mein Roller,
immer schneller, immer toller,
rechts und links und gradeaus
ich mit meinem Roller saus'.

2. Rollern, ach, das tu ich gerne,
sausend rollere ich in Ferne.
Tip, tip, tip, mit einem Bein;
wie ist das Rollern fein!

Text und Melodie: mündlich überliefert;
aufgezeichnet von Carla-Maria Rieke.

Die bunte Laterne

2. Der Mond, der muß am Himmel stehn,
Laterne,
er möcht' so gerne mit uns gehn,
Laterne.
Ach, lieber Mond, das kann nicht sein,
die Englein würden ängstlich schrei'n,
Laterne, Laterne.

3. Das Licht verlöscht, der Zug ist aus,
Laterne,
nun gehn wir alle froh nach Haus,
Laterne,
und schlüpfen schnell ins Bett hinein
und schlafen ein beim Mondenschein,
Laterne, Laterne.

Text und Melodie: volkstümlich.

Schwäfelhelzle

1.–6. Schwäfelhelzle, Schwäfelhelzle,
Schwäfelhelzle müäß mä ha,
daß ma allä Augenblick
ä Fierlä machä ka.

1. Wenn die Frau bi finschtrer Nacht
ebbe vo sim Schlof erwacht,
will sie Licht un Lampe finde,
um dieselbe azuzünde,
müäß sie Schwäfel ha.
La-la-la, …

2. Unser Hans, der arme Tropf,
stoßt sisch fascht ä Loch im Kopf;
um nit wieder azurenne,
will er jetzt a Lichtle brenne
un müäß Schwäfel ha.
La-la-la, …

3. Wenn die Kiäli bi der Nacht
etwas stärker mumu macht,
müäß as Kätel uffstehä,
um dem Kiäli nozusä
un müäß Schwäfel ha.
La-la-la, …

4. Wenn der Fuchs den Winter spirt
un der Owä länger wird,
will der Handelsmann nit schlofä
un der Kinstler no was schoffä,
müäß ma Schwefel ha.
La-la-la, …

5. Mine Schwäfel sin gewiß
desser als die in Paris;
in ganz Brisgau un in Badä
un in jedem Krämerladä
müäß ma Schwefel ha.
La-la-la, …

6. Wiwer, sinn nur nit so stolz,
kauffä vo mim Schwefelholz;
wenn er wünn a Sippla kochä,
miän er doch g'wiß Fier machä
un müäß Schwefel ha.
La-la-la, …

Text und Melodie: volkstümlich, aus dem Badischen; um 1840 zum Zeitpunkt der Erfindung der Zündhölzer entstanden.

Schnützelputz-Häusel

1.–6.: So geht es im Schnützelputz-Häusel,
da singen und tanzen die Mäusel
und bellen die Schnecken im Häusel.

1. Im Schnützelputz-Häusel, da geht es sehr toll,
da saufen die Tische und Bänke sich voll,
Pantoffeln unter dem Bette.
So geht es …

2. Der Tisch lag im Bette und stöhnte so lang,
da heulte der Sessel, da weinte die Bank,
ganz jämmerlich täten sie klagen.
So geht es …

3. Da rannte der Kessel ins Hühnerhaus,
der Ofen, der lief zur Stuben hinaus,
eine spanische Mücke zu fangen.
So geht es …

4. Da saßen zwei Ochsen im Storchennest,
die hatten einander gar lieblich getröst'
und wollten die Eier ausbrüten.
So geht es …

5. Es zogen zwei Störche wohl auf die Wacht,
die hatten ihre Sache gar wohl bedacht
mit ihren großmächtigen Spießen.
So geht es …

6. Ich wüßte der Dinge noch mehr zu sagen,
die sich im Schnützelputz-Haus zugetragen,
gar lächerlich über die Maßen.
So geht es …

Text und Melodie: volkstümlich, in mehreren Textvarianten verbreitet. Von einem fliegenden Blatt aus dem 18. Jahrhundert.

So treiben wir den Winter aus

1. So treiben wir den Winter aus,
durch unsre Stadt zum Tor hinaus.
Es wartet draußen schon der Mai,
den Sommer holen wir herbei.

2. Wir stürzen ihn von Berg zu Tal,
damit er sich zu Tode fall.
Wir jagen ihn unter die Heiden,
daß er den Tod muß leiden.

3. Und haben den Winter wir ausgetrieben,
so bringen wir den Sommer wieder,
den Sommer und den Maien
mit Blümlein mancherleien.

Text: volkstümlich; Melodie: nach Martin Luthers Parodie *Nun treiben wir den Babst heraus* (Wittenberg 1545).

Springt der Hirsch übern Busch

1. Springt der Hirsch übern Busch,
brockt eahm drei dridoppelte,
scheene greane braune Brombeerblätterblattl
aba vom Bam.

2. »Ei«, sagt der Hirsch, »des is a Mo,
der eahm drei dridoppelte,
scheene greane braune Brombeerblätterblattl
abrocka ko!«

3. Hupft der Has übern Zaun
zupft eahm zwoa zwizipferte,
scheene greane braune Dirndlbirlblattl
a vo der Staudn.

4. »Ei«, sagt der Has, »des is a Mo,
der eahm zwoa zwizipferte,
scheene greane braune Dirndlbirlblattl
azupfa ko!«

5. Und a Floh und a Fliagn,
die san so schwaar zum kriagn,
hätt' der Floh d'Flügel von der Fliagn waar er no
schwaarer zum kriagn.

Text und Melodie: volkstümlich, aus Niederbayern.

Sünner-Martens-Leed

Marie, Marie, maak up de Döör,*
dar stah'n paar arm Kinner vör.
Sett dat Toppseil up den Topp
Gääv uns wat in'n Rummelpott!
Laat uns nich so lange stahn
wi wüllt noch een Huus wieder gahn.
Dar wahnt de rieke Mann,
de uns woll wat gäwen kann.
Een, twee, dree un veer,
wenn't man'n koppern Pennig weer.

1. Wenig Geld un ganz veel Smacht
mager Köst to äten.
Luchten dragen dör de Nacht.
Nümms schull dat vergäten:

2. Vader harr sien Arbeit daan,
muß dat Brot verdenen,
kunn vandaag na Huus hengahn,
so as »Herrschaft« menen.

3. Well dat Geld harr un de Macht,
kunn't vandaag verlangen:
Stüern, Tinsen un de Pacht.
Well nix harr, muß bangen.

4. Vader harr sien Arbeit daan.
Well wull hüm nu kopen?
Kinner mussen bädeln gahn:
Kipp-Kapp-Kögel-Lopen.
    Kipp-Kapp-Kögel,
    Sünner-Martens-Vögel.

* Der erste Vers ist als gesungene oder gesprochene Einleitung dieses Liedes gedacht.

Text: Oswald Andrae, Melodie: Helmut Debus.

Tanzen und springen

2. Schöne Jungfrauen
in grüner Auen,
falalala, falalala, falala.
Mit ihn'n spazieren
und konversieren,
freundlich scherzen,
freut mich im Herzen
für Silber und Gold.
Falalala, falala, falala,
falalala, falala, falala.

Text und Melodie:
Hans Leo Haßler; aus
seiner Sammlung
Lustgarten neuer
teutscher Gesäng,
Nürnberg 1601.

Tanz mit mir

1. Tanz mit mir, tanz mit mir,
hab 'ne weiße Schüze für!
Mit mir auch, mit mir auch,
meine Schürze blinket auch!

2. Tanz mit mir, tanz mit mir,
hab 'ne weiße Schürze für!
Laß nicht ab, laß nicht ab,
bis die Schürze Löcher hat!

Text und Melodie: volkstümlich;
Kinderlied aus dem 19. Jahrhundert.

Und's Gams im Gebirg

1. Und's Gams im Gebirg
hat si langs eini draht,
hat si langs eini draht,
hat si langs eini draht.
Bei meim Deandl die Liab schlagt
wia's Uhrwerk so staad,
schlagt wia's Uhrwerk so staad
bei der Nacht!

2. Und's Gams im Gebirg
hat an Bart, an spitztn,
hat an Bart, an spitztn,
hat an Bart, an spitztn.
und die lustigsten Buam
san die Wuidpratschützn,
san die Wuidpratschützn,
bei der Nacht!

3. Und's Gams im Gebirg
hat scho abapfiffn,
hat scho abapfiffn,
hat scho abapfiffn:
»Wanns a Bleikügerl habts,
tuats ma auffaschickn,
tuats ma auffaschickn!«
bei der Nacht!

4. Und's Gams im Gebirg
hat an Arsch an weißn,
hat an Arsch an weißn,
hat an Arsch an weißn,
wia d'Madln am Samstag,
wanns Gwand wegschmeißn,
wanns Gwand wegschmeißn,
bei der Nacht!

5. Und's Gams im Gebirg
tuat an Schuß net scheuchn,
tuat an Schuß net scheuchn,
tuat an Schuß net scheuchn,
und mei Deandl im Bett
tuat aa nix dergleichen,
tuat aa nix dergleichen!
Bei der Nacht.

Text und Melodie: volkstümlich,
in Bayern und Südtirol verbreitet.

Und d' Schiffsleut san a Leut

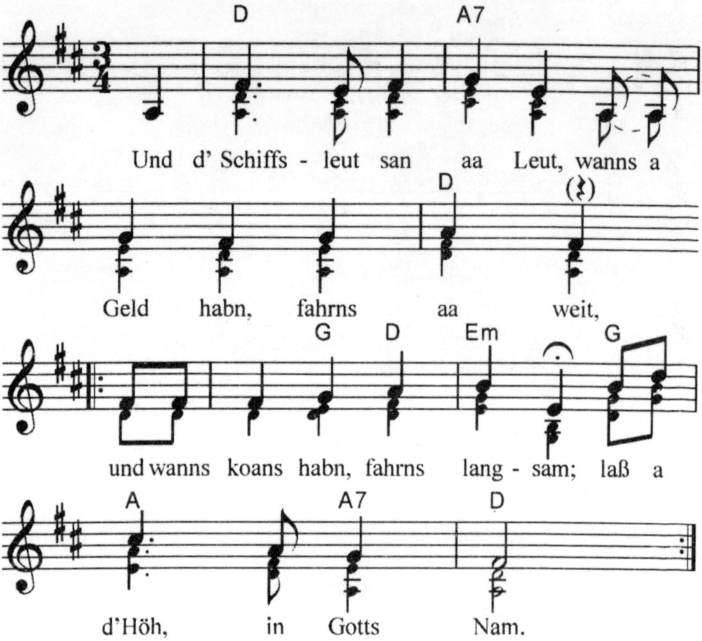

1. Und d' Schiffsleut san a Leut,
wanns a Geld habn, fahrns a weit,
und wanns koans habn,
fahrns langsam;
laß a d'Höh*, in Gotts Nam.
2. Und d' Schiffsleut am Wasser,
die trinken an Wein,
für die Bauernbuam von Stadl
muaß a Wasser guat sein.
3. Und d'

Schönste Rose

2. Er steigt die blaue Luft hindurch,
blau, blau Blümelein,
bis daß er schaut auf Löwenburg.
Rosen im Tal, Mädel im Saal,
o schönste Rose!

3. O schaue, Mond durchs Fensterlein,
blau, blau Blümelein,
schön Trude, lock mit deinem Schein!
Rosen im Tal, Mädel im Saal,
o schönste Rose!

4. Und siehst du mich und siehst du sie,
blau, blau Blümelein,
zwei treure Herzen sahst du nie.
Rosen im Tal, Mädel im Saal,
o schönste Rose!

Text und Melodie: volkstümlich, aus dem Bergischen Land; aufgezeichnet von Anton Wilhelm Florentin von Zuccalmaglio (1829).

Viele tausend Hasen

Viele tausend kleine Hasen sind heut in der Welt
draußen irgendwo geboren zwischen Wald und Feld!
Die winzig kleinen Hasen, denk' nur liebes Kind,
schon im nächsten Jahre große Oserhasen sind!

Text und Melodie: volkstümliches Kinderlied.

Vetter Michel

1–4. Gistern abend weer Vetter Michel hier,
Vetter Michel weer gistern abend hier.

1. He föt de Diern woll an dat Kinn,
herrjeh, watt harr he in sie'n Sinn.
Gistern abend weer Vetter Michel hier,
Vetter Michel, de weer hier.

2. He nehm de Frunslüd bi de Snut
un danz mit ehr to de Husdör rut.
Gistern abend …

3. He kreeg de Deerns wull bi de Knee,
wat hebbt se jucht und kreiht, o je!
Gistern abend …

4. He kröp in't Bett und kröp in't Stroh
un dar deck he sick warm mit to.
Gistern abend …

Text und Melodie: volkstümlich, aus Mecklenburg; um 1750.

Schneeglöckchen

1. Was das wohl bedeutet,
   wenn's Schneeglöckchen läutet?
   Ich seh' es, ich seh' es,
   es guckt aus dem Schnee!

2. Sein weißgrünes Röckchen,
   sein zierliches Glöckchen,
   es zittert vor Freud',
   der Frühling kommt heut'!

Text und Melodie: volkstümlich.

Viel Freuden mit sich bringet

1. Viel Freuden mit sich bringet
die fröhlich Sommerzeit.
Im grünen Wald jetzt singet
wiedrum vor Freudigkeit
ohn' Unterlaß mit hellem Schall
aus ihrem Hälschen zart
sehr schön und fein Frau Nachtigall,
kein Müh noch Fleiß sie spart.

2. Des Nachts, wenn ist fürüber
all andrer Vöglein G'sang,
so schwingt sie ihr Gefieder
und fängt mit lautem Klang
bald auf das Neu recht an zu schrein,
bis daß anbricht der Tag;
ihr wunderschön Melodein
kein Mensch beschreiben mag.

3. Mit ihrem schönen Singen
bewegt sie manches Herz,
daß es vor Freud möcht springen;
das sag ich ohne Scherz;
von allen den Waldvögelein,
sie seien groß oder klein,
ihr keines jemals gleich kann sein,
der Ruhm bleibt ihr allein.

4. Ihr schöne Stimm und Weise
man ehren tut überall,
drum ich sie jetzt auch preise,
die edle Nachtigall;
mit lieblichem und süßen Ton
bringt sie all Sachen für,
ihr seltsam schön G'dicht sie ziert
ganz schön auf dieser Erden hier.

Text: nach *Neue Teutsche Weltliche Lieder durch Christophorum Demantium,* Nürnberg 1595; Melodie: volkstümlich, aus dem 17. Jahrhundert.

Vöglein im hohen Baum

1. Vöglein im hohen Baum,
klein ist's, ihr seht es kaum,
singt doch so schön,
daß wohl von nah und fern
alle die Leute gern
horchen und stehn, horchen und stehn.

2. Blümlein im Wiesengrund
blühen so lieb und bunt,
tausend zugleich.
Wenn ihr vorüber geht,
wenn ihr die Farben seht,
freuet ihr euch, freuet ihr euch.

3. Wässerlein fließt so fort
immer von Ort zu Ort,
nieder ins Tal.
Dürstet nun Mensch und Vieh,
kommen zum Bächlein sie,
trinken zumal, trinken zumal.

4. Habt ihr es auch bedacht,
wer sie so schön gemacht,
alle die drei?
Gott der Herr machte sie,
daß sich nun spät und früh
jedes dran freu', jedes dran freu'.

Text und Melodie: volkstümlich.

Was haben wir Gänse für Kleider an?

2. Was trinken wir Gänse für einen Wein?
Gi, ga, gack!
Wir trinken nur den stärksten Wein,
das ist der Gänsewein allein,
gi, ga, gack,
ist stärker als Rum und Rack.

3. Was haben wir Gänse für eine Kost?
Gi, ga, gack!
Im Sommer gehn wir auf die Au,
im Winter speist die Bauersfrau,
gi, ga, gack,
uns aus dem Hafersack.

4. Was machen wir Gänse am Martinstag?
Gi, ga, gack!
Man führt uns aus dem Stall hinaus
zu einem fetten Martinsschmaus,
gi, ga, gick,
und bricht uns das Genick.

Text: August Heinrich Hoffmann von Fallersleben (1798–1874);
Melodie: volkstümlich.

Was scharrt die alte Henne

1. Was scharrt die alte Henne,
gluck, gluck, gluck,
fortwährend auf der Tenne,
gluck, gluck, guck?
Hat sieben Kücklein kleine,
gluck, gluck, gluck,
die liefen aus alleine,
gluck, gluck, gluck!

2. »Mein Weißchen, Bräunchen, Schecklein,
gluck, gluck, gluck,
wo seid ihr lieben Kinderlein,
gluck, gluck, gluck?«
Sie kamen aus den Enden,
gluck, gluck, gluck,
bei Mutter sich verstecken,
gluck, gluck, gluck.

Text und Melodie: volkstümlich, aus der Oberlausitz.

Weiß mir ein Blümlein blaue

1. Weiß mir ein Blümlein blaue,
von himmelklarem Schein.
Es steht in grüner Aue,
und heißt Vergißnichtmein.
Ich kunnt es nimmer finden,
was mir verschwunden gar;
von Reif und kalten Winden
ist es mir worden fahl.

2. Das Blümlein, das ich meine,
ist braun, steht auf dem Ried.
Von Art ist es so kleine,
es heißt: Nun hab mich lieb!
Das ist mir abgemähet
wohl in dem Herzen mein,
mein Lieb hat mich verschmähet.
Wie mag ich fröhlich sein?

3. Mein Herz, das liegt in Kummer,
daß mein vergessen ist,
so hoff ich auf den Summer
und auf der Maien Frist.
Der Reif, der ist vergangen,
dazu der kalte Schnee,
mein Lieb hat mich umfangen,
nun, Winter, heißt's: Ade!

Text: nach einem fliegenden Blatt von Ludwig Uhland;
Melodie volkstümlich aus dem 16. Jahrhundert.

Wenn die Bettelleute tanzen

1. Wenn die Bettelleute tanzen,
   wackeln Klunkern und die Fransen.
   Eia, eia, eia, so gehts, so gehts, so gehts,
   ei, so gehts, so gehts, ei, so gehts,
   wackeln Klunkern und Fransen.

2. Kommt man über eine Brücke,
   klappern sie mit Stock und Krücke.
   Eia, eia, eia, …

3. Kommt ein Bauer vor die Türe,
   stehn da gleich der Stücke viere.
   Eia, eia, eia, …

4. Kommen sie in eine Schänke,
   spring'n sie über Tisch und Bänke.
   Eia, eia, eia, …

5. Haben sie nun ausgesaufet,
wird der Bettelsack verschmauset.
Eia, eia, eia, ...

6. Nun wohlan, ihr Schwestern, Brüder!
Seid ihr satt, so legt euch nieder.
Eia, eia, eia, ...

7. ’s wird uns keiner etwas mausen.
Morgen woll’n wir wieder schmausen.
Eis, eia, eia, ...

Text und Melodie: volkstümlich, aus Schlesien; vom Anfang des 19. Jahrhunderts.

Wenn die Kinder schlafen ein

Wenn die Kinder schlafen ein, wachen auf die Sterne,
und es steigen Engelein nieder aus der Ferne,
halten treu die ganze Nacht bei den frommen Kindern Wacht.
Wenn die Kinder schlafen ein, wachen auf die Sternelein.

Text und Melodie: mündlich überliefert;
aufgezeichnet von Carla-Maria Rieke.

Wenn ein Häslein wird geboren

1. Wenn ein Häslein wird geboren
   wie ein Wollenknäuel klein,
   schaut die Mutter nach den Ohren,
   ob sie lang genug auch sei'n.

2. Denn die Ohren, die sind wichtig,
   wichtig für ein Hasenleben!
   Sind sie nicht so lang und richtig,
   kann es großen Ärger geben!

Text und Melodie: mündlich überliefert;
aufgezeichnet von Carla-Maria Rieke.

Wenn ich morgens früh aufstehe

1. Wenn ich morgens früh' aufstehe,
und nach meiner Arbeit sehe,
schau' ich hin und schau ich her,
ob noch was zu kehren wär'!

2. Schwarz bin ich, so schwarz wie Kohle,
von dem Scheitel bis zur Sohle!
Doch mein Herz ist frisch und frei
von der Schornsteinfegerei!

3. Steig ich dann auf meine Leiter,
immer höher immer weiter
bin ich oben angelangt,
fang' ich gleich zu fegen an.

Text und Melodie: volkstümlich.

Wie lieblich schallt durch Busch und Wald

2. Und jeder Baum
im weiten Raum
dünkt uns wohl noch so grün,
dünkt uns wohl noch so grün.
Es wallt der Quell
wohl noch so hell
durchs Tal dahin, dahin,
durchs Tal dahin, dahin.

3. Und jede Brust
fühlt neue Lust
beim frohen Zwillingston,
beim frohen Zwillingston.
Es fließt der Schmerz
aus jedem Herz
sogleich davon, davon,
sogleich davon, davon.

Text: Christoph von Schmid (1817); Melodie: Friedrich Silcher

Wie könnte denn heute die Welt noch bestehen

1. Wie könnte denn heut die Welt noch bestehen,
wenn keine Bergleut wär'n?
Glück auf! 's kommt alles von'n Bergleut her.
Ja, ja, ja, ja, 's kommt alles von'n Bergleut her.

2. Es könnte der Kaiser die Krone nicht tragen,
wenn keine Bergleut wär'n.
Glück auf! …

3. Man könnte auch heute kein' Eisenbahn fahren,
wenn keine Bergleut wär'n.
Glück auf! …

4. Der Landmann, der könnte den Acker nicht bauen,
wenn keine Bergleut wär'n.
Glück auf! …

5. Der Müller, der könnte die Frucht nicht vermahlen,
wenn keine Bergleut wär'n.
Glück auf! …

6. Der Schuster, der könnte die Stiefel nicht machen,
wenn keine Bergleut wär'n.
Glück auf! …

7. Der Schneider, der könnte die Kleider nicht machen,
wenn keine Bergleut wär'n.
Glück auf! …

8. Der Fuhrmann, der könnte den Wagen nicht fahren,
wenn keine Bergleut wär'n.
Glück auf! …

9. Der Zimmermann könnte die Häuser nicht bauen,
wenn keine Bergleut wär'n.
Gück auf! …

10. Der Schreiner, der könnte die Möbel nicht machen,
wenn keine Bergleut wär'n.
Glück auf! …

11. Der Schlosser, der könnte die Schlösser nicht machen,
wenn keine Bergleut wär'n.
Glück auf! …

12. Der Schmied, und der könnte kein Pferd beschlagen,
wenn keine Bergleut wär'n.
Glück auf! …

Text und Melodie: volkstümlich, Bergmannslied aus der Gegend von Wetzlar.

Wind, Wind, brause

Wind, Wind, brause,
durch die Blätter sause!
Blase alle Blätter ab,
bis der Baum kein Blatt mehr hat!
Nur wenn einer Nadeln hat,
die laß dran!

Text und Melodie: volkstümlich.

Wir gratulieren

Wir kommen all und gratulieren
zum Geburtstag unserm lieben – –*.

* Der entsprechende Name muß hier eingesetzt werden.

Text und Melodie: volkstümlich.

Wir wünschen der Mutter ein langes Leben

1. Wir wünschen der Mutter ein langes Leben,
   der liebe Gott mög' ihr Gesundheit geben.

2. Wir wünschen der Mutter viel' gute Jahr',
   und was wir wünschen, das werde wahr.

3. Wir wünschen ihr Freude und guten Mut,
   daß niemand ihr jemals ein Leid antut.

Text und Melodie: volkstümlich.

Wollt ihr wissen

2. Wollt ihr wissen, wollt ihr wissen,
wie's die kleinen Knaben machen?
Peitschen knallen, Peitschen knallen,
alles dreht sich herum.

3. Wollt ihr wissen, wollt ihr wissen,
wie's die jungen Damen machen?
Löckchen drehen, Löckchen drehen,
alles dreht sich herum.

4. Wollt ihr wissen, wollt ihr wissen,
wie's die jungen Herren machen?
Hütchen schwenken, Hütchen schwenken,
alles dreht sich herum.

5. Wollt ihr wissen, wollt ihr wissen,
wie's die alten Damen machen?
Kaffee trinken, Kaffee trinken,
alles dreht sich herum.

6. Wollt ihr wissen, wollt ihr wissen,
wie's die alten Herren machen?
Prise nehmen, Prise nehmen,
alles macht »Ha-Hatschi!«

Text und Melodie: volkstümlich.

Wollt ihr wissen, wie der Bauer

1. Wollt ihr wissen, wie der Bauer,
   wollt ihr wissen, wie der Bauer,
   wollt ihr wissen, wie der Bauer seinen Hafer aussät?
   Sehet so, so macht's der Bauer,
   sehet so, so macht's der Bauer,
   sehet so, so macht's der Bauer, wenn er Hafer aussät.

2. Wollt ihr wissen, wie der Bauer seinen Hafer abmäht?
   |: Sehet so, so macht's der Bauer, :| wenn er Hafer abmäht.

3. Wollt ihr wissen, wie der Bauer ins Wirtshaus eingeht:
𝄆 Sehet so, so macht's der Bauer, 𝄇 wenn er ins Wirtshaus eingeht.

4. Wollt ihr wissen, wie der Bauer sein Schnäpschen austrinkt?
𝄆 Sehet so, so macht's der Bauer, 𝄇 wenn er sein Schnäpschen austrinkt.

5. Wollt ihr wissen, wie der Bauer sein Schnäpschen bezahlt?
𝄆 Sehet so, so macht's der Bauer, 𝄇 wenn er sein Schnäpschen bezahlt.

6. Wollt ihr wissen, wie der Bauer aus dem Wirtshaus rausgeht? 𝄆 Sehet so, so macht's der Bauer, 𝄇 wenn aus dem Wirtshaus er geht.

Bei den Worten »sehet so, so macht's der Bauer« können die dazu gehörenden Bewegungen nachgeahmt werden. Viele weitere Tätigkeiten (pflügen, Tiere füttern usw.) lassen sich aus dem Stegreif erfinden.

Text und Melodie: in vielen Varianten überliefertes Volkslied aus dem Rheinland.

Wo tut's weh

1. Wo tut's weh?
   Hol ein bißchen Schnee!
   Hol ein bißchen kühlen Wind,
   heile, heile!
   Dann vergeht es ganz geschwind!

2. Wo tut's weh?
   Trink' ein Schlückchen Tee,
   iß ein' Löffel Haferbrei,
   heile, heile
   morgen ist es längst vorbei!

3. Wo tut's weh?
   Rupf ein Blättchen Klee,
   rupf ein' gelbe Butterblum',
   heile, heile,
   bist du groß. dann ist's herum!

Text und Melodie: mündlich überliefert;
aufgezeichnet von Carla-Maria Rieke.

Zogen einst fünf wilde Schwäne

2. Wuchsen einst fünf junge Birken
grün und frisch am Bachesrand.
»Sing, sing, was geschah?«
Keines in Blüten stand.
»Ja, sing, sing, was geschah?«
Keines in Blüten stand.

3. Zogen einst fünf junge Burschen
stolz und kühn zum Kampf hinaus.
»Sing, sing, was geschah?«
Keiner kehrt mehr nach Haus.
»Ja, sing, sing, was geschah?«
Keiner kehrt mehr nach Haus.

4. Wuchsen einst fünf junge Mädchen
schlank und schön am Memelstrand.
»Sing, sing, was geschah?«
Keines den Brautkranz wand.
»Ja, sing, sing, was geschah?«
Keines den Brautkranz wand.

Text und Melodie: volkstümlich; aus Litauen.

Negro Folksongs und Spirituals

All my Trials

1. If religion was a thing that money could buy,
   The rich would live and the poor would die.
   All my trials, Lord, soon be over.
   Too late my brothers, too late but never mind.
   All my trials, Lord, soon be over.

2. Hush little baby, don't you cry,
You know your daddy was born to die.
All my trials, Lord, ...

3. I had a little book, 'twas given to me,
And every page spelled »Victory«.
All my trials, Lord, ...

Traditional

Balm in Gilead

1. There is a balm in Gilead
To make the wounded whole.
There is a balm in Gilead
To heal the sinsick soul.
Sometimes I feel discouraged
an' think my work in vain,
But then the Holy Spirit
revives my soul again.

2. Don't ever feel discouraged,
our Father is our friend,
And if you lack for knowledge
he'll not refuse to lend.
There is a balm in Gilead …

3. You may not preach like Peter,
you may not pray like Paul,
But you can tell the story
of one who dies for all.
There is a balm in Gilead …

Traditional

Been in the Pen so Long

1. Been in the pen so long,
   Honey I'll be long gone.
   Been in the pen
   And I gotta go back again.
   Baby, where you been so long,
   Baby, where you been so long?

2. Awful lonesome, all alone and blue,
   Awful lonesome, all alone and blue.
   All alone and blue,
   No one tell my troubles to,
   Baby where you been so long,
   Baby where you been so long?

3. Some folks crave for Memphis, Tennessee.
Some folks crave for Memphis, Tennessee.
Some folks crave for Memphis, Tennessee,
But New Orleans is good enough for me,
New Orleans is good enough for me.

4. Been in the pen so long,
Honey I'll be long gone,
Been in the pen an I gotta go back again.
Baby where you been so long,
Baby where you been so long?

Traditional

Buffalo Gals

1. As I was lumb'ring down de street,
   Down de street, down de street,
   A han'some gal I chanced to meet,
   Oh, she was fair to view!

Chorus: Buffalo gals, can't you come out tonight,
can't you come out tonight,
can't you come out tonight?
Buffalo gals, can't you come out tonight,
and dance be de light ob de moon?

2. I axed her would she hab some talk,
Hab some talk, hab some talk.
Her feet covered up de whole sidewalk,
As she stood close by me.
Chorus: Buffalo gals, ...

»Buffalo Gals« geht zurück auf den Negro-Dialekt Song: »Lubly Fan«, 1844.

Burden Down

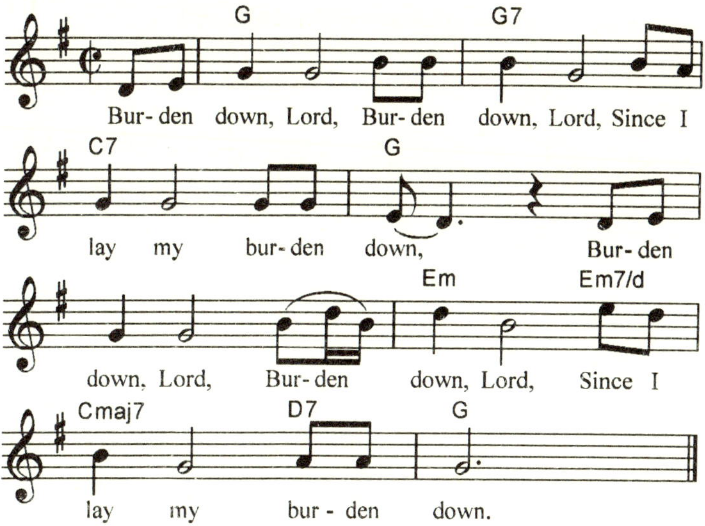

1. Burden down, Lord,
   Burden down, Lord,
   Since I lay my burden down,
   Burden down, Lord,
   Burden down, Lord,
   Since I lay my burden down.

2. Wonder will my sister know me,
   …

3. Wonder will my brother know me,
   …

4. Burden down, Lord, … (wie 1. Strophe).

Traditional

Certainly, Lord

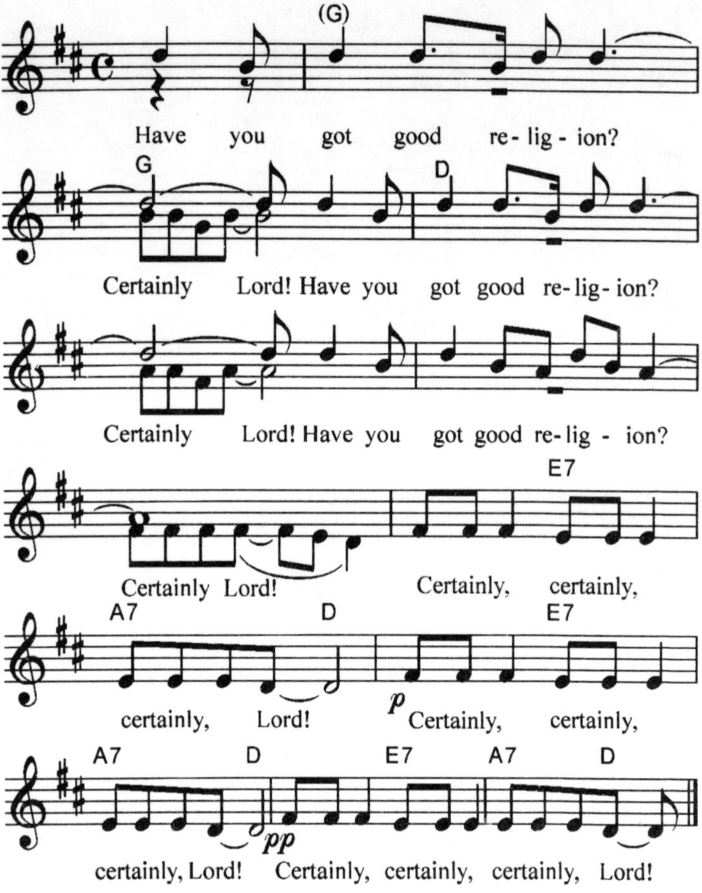

1. Have you got good religion?
   Certainly Lord!
   Have you got good religion?
   Certainly Lord!
   Have you got good religion?
   Certainly Lord!
   Certainly, certainly, certainly Lord!
   Certainly, certainly, certainly Lord!
   Certainly, certainly, certainly Lord!

2. Have you been baptised?
Certainly Lord! ...

3. Did you go to the valley?
Certainly Lord! ...

4. Did you get on your knees?
Certainly Lord! ...

5. Did you soul get ease?
Certainly Lord! ...

Traditional

Come an' Go

1. Come an' go to that lan',
   come an' go to that lan',
   come an' go to that lan',
   where I'm boun',
   where I'm boun'.
   Come an' go to that lan',
   come an' go to that lan',
   come an' go to that lan',
   where I'm boun'.
2. There is joy in that lan' …
3. Peace and happiness in that lan'…
4. Come an' go to that lan'…

Traditional

Crawdad

1. You get a line and I'll get a pole, honey,
   You get a line and I'll get a pole, babe,
   You get a line and I'll get a pole and
   We'll go down to the crawdad hole,
   Honey, sugar-baby mine.

2. Get up old man, you slept too late, honey,
   Get up old man, you slept too late, babe,
   Get up old man, you slept too late,
   Last piece of crawdads on your plate,
   Honey, sugar-baby mine.

3. Get up old woman, you slept too late, honey,
Get up old woman, you slept too late, babe,
Get up old woman, you slept too late,
Crawdad man done passed your gate,
Honey, sugar-baby mine.

4. Along came a man with a sack on his back, honey,
Along came a man with a sack on his back, babe,
Along came a man with a sack on his back,
Packin' all the crawdads he can pack,
Honey, sugar-baby mine.

5. What you gonna do when the lake goes dry, honey?
What you gonna do when the lake goes dry, babe?
What you gonna do when the lake goes dry,
Sit on the bank and watch the crawdads die,
Honey, sugar-baby mine.

6. What you gonna do when the crawdads die, honey?
What you gonna do when the crawdads die, babe?
What you gonna do when the crawdads die,
Sit on the bank until I cry,
Honey, sugar-baby mine.

7. I heard the duck say to the drake, honey,
I heard the duck say to the drake, babe,
I heard the duck say to the drake,
There ain't no crawdads in this lake,
Honey, sugar-baby mine.

Traditional

Darling Cory

Wake up, wake up darling Cory
what makes you sleep so sound
The revenue officers are comin'
Gonna tear your still house down.

Traditional

Didn't my Lord Deliver Daniel

1. Didn't my Lord deliver Daniel,
D'liver Daniel, d'liver Daniel;
Didn't my Lord deliver Daniel,
And why nota every man?
He deliver'd Daniel from the Lion'sden,
Jonah from the belly of the whale,
And the Hebrew children from the fiery furnace,
And why not every man?

2. The moon run down in a purple stream,
The sun forbear to shine,
And every star disappear
King Jesus shall be mine.

3. The wind blows east, and the wind blows west,
It blows like the judgement day,
And every poor soul that never did pray,
'll be glad to pray that day.

4. I set my foot on the gospel ship,
And the ship it begin to sail,
It landed me over on Canaans shore,
And I'll never come back any more.

Traditional

Down by the Riverside

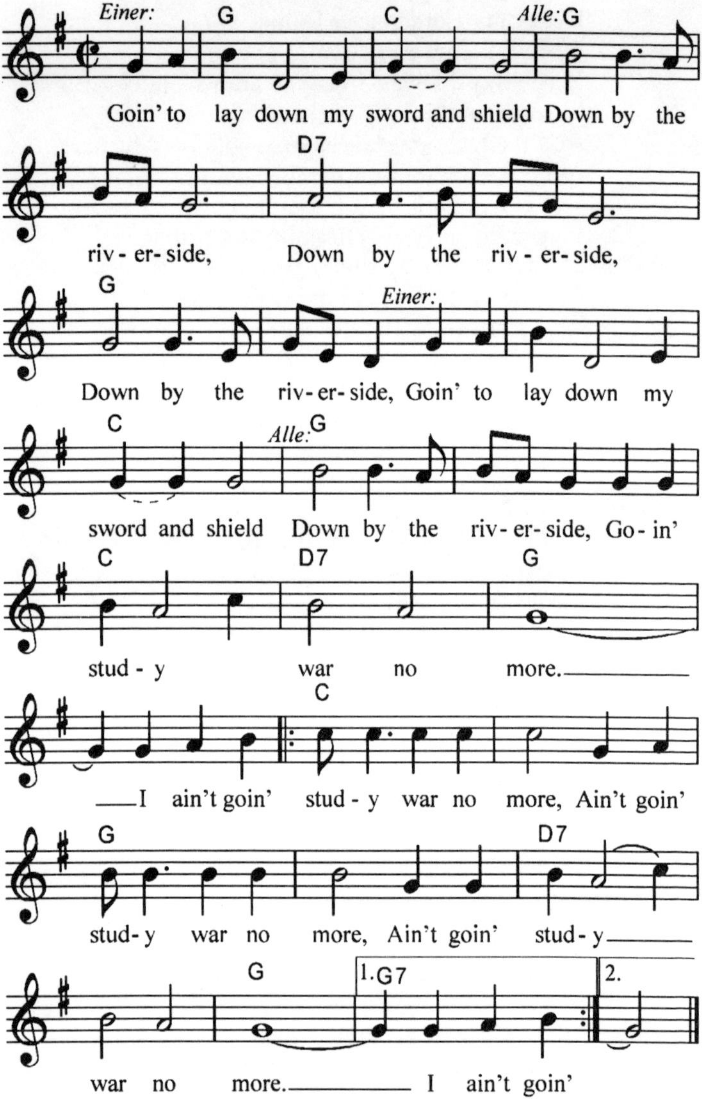

1. Goin' to lay down my sword and shield
Down by the riverside,
Down by the riverside,
Down by the riverside,
Goin' to lay down my sword and shield
Down by the riverside,
Goin' study war no more.
I ain't goin' study war no more,
Ain't goin' study war no more,
Ain't goin' study war no more.

2. Goin' to lay down my burden
Down by the riverside,
Down by the riverside,
Down by the riverside,
Goin' to lay down my burden
Down by the riverside,
Goin' study war no more.
‖: I ain't goin' study war no more :‖

3. Goin' to meet my old father
Down by the riverside
Down by the riverside
Down by the riverside,
Goin' to meet my old father
Down by the riverside,
Goin' study war no more.
‖: I ain't goin' study war no more :‖

4. Goin' to meet my old mother
Down by the riverside,
Down by the riverside,
Down by the riverside,
Goin' to meet my old mother
Down by the riverside,
Goin' study war no more.
‖: I ain't goin' study war no more :‖

Traditional

Cotton-eyed Joe

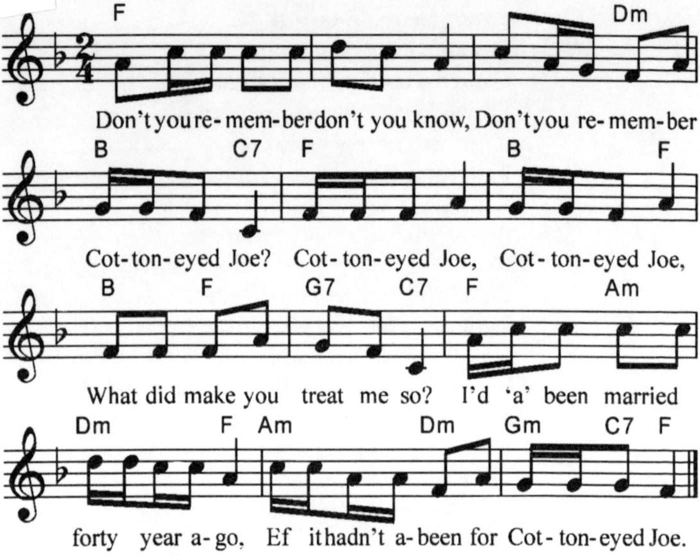

1. Don't you remember don't you know,
   Don't you remember Cotton-eyed Joe?
   Cottoneyed Joe, Cotton-eyed Joe,
   What did make you treat me so?
   I'd 'a' been married forty year ago,
   Ef it hadn't a-been for Cotton-eyed Joe.

2. Cottoneyed Joe, Cotton-eyed Joe,
   He was de nig dat sarved me so, –
   Tuck my gal away fum me,
   Carried her off to Tennessee.
   I'd 'a' been married forty year ago,
   Ef it hadn't a-been for Cotton-eyed Joe.

3. His teeth was out an' his nose was flat,
His eyes was crossed, – but she didn't mind that.
Case he was tall, and berry slim,
An' so my gal she follered him.
I'd 'a' been married forty year ago,
Ef it hadn't a-been for Cotton-eyed Joe.

4. She was de prettiest gal to be found
Anywhar in de country round;
Her lips was red an' her eyes was bright,
Her skin was black but her teeth was white.
I'd 'a' been married forty year ago,
Ef it hadn't a-been for Cotton-eyed Joe.

Traditional, aus der Sklavenzeit. Nach Dorothy Scarborough
»On the Trail of Negro Folk-Songs«.

Deep River

Deep River,
My home is over Jordan.
Deep River, Lord,
I want to cross over
into campground.
Lord I is acomin'
Lord I is acomin',
I want to cross over
into campground,
I want to cross over
into campground.

Traditional

Cotton Needs a-Pickin'

1. Cotton needs a-pickin' so bad,
   Cotton needs a-pickin' so bad,
   Cotton needs a-pickin' so bad,
   Gonna pick all over this field.
   We planted this cotton in April
   On the full of the moon.
   We've had a hot dry summer,
   That's why it open'd so soon.

2. Boy stop goosin' that cotton,
And take better care,
Make haste, you lazy rascal,
And bring that row from there.

3. Hurry up, hurry up, children,
We ought to have been gone;
This weather looks so cloudy,
I think it's goin' to storm.

Traditional

Ev'ry Time I Feel the Spirit

1. Ev'ry time I feel the Spirit
movin' in my heart, I will pray.
Ev'ry time I feel the Spirit
Movin' in my heart, I will pray.
Upon the mountain when my Lord spoke,
Out of his mouth came fire an smoke:
Look'd all around me it look'd so fine
Till I ask'd my Lord if all were mine.

2. Oh, I have sorrows, and I have woe,
And I have heartache here below;
But while God leeds me I'll never fear
For I am sheltered by His care.

Traditional.

Get on Board, Little Children

2. I hear the train a-comin',
A-comin' round the curve,
She's loosen'd all her steam an' brakes,
She's strainin' ev'ry nerve.

3. The fare is cheap an' all can go,
The rich an' poor are there,
No second class aboard this train,
No diff'rence in the fare.

Traditional

Give me that Old Time Religion

Chorus: Give me that old time religion,
Give me that old time religion,
Give me that old time religion,
It's good enough for me.

1. It was good for the Hebrew children,
It was good for the Hebrew children,
It was good for the Hebrew children,
And it's good enough for me.

2. It will do when the world's on fire,
It will do when the world's on fire,
It will do when the world's on fire,
And it's good enough for me.

Traditional

Go Down, Moses

2. Thus saith the Lord, bold Moses said:
   Let my people go;
   If not I'll smite your firstborn dead,
   Let my people go.
   Go down Moses …

3. O let us all from bondage flee,
   Let my people go;
   And let us all in Christ be free!
   Let my people go.
   Go down Moses …

Traditional

Great Day

2. This is the day of Jubilee,
   God's goin' to build up …
   The Lord's goin' to set His people free,
   God's goin' to build up …

3. Going to take my breastplate, sword and shield,
   God's goin' to build up …
   And march out boldly in the field,
   God's goin' to build up …

Traditional

Go, Tell it on the Mountains

Refrain: Go, tell it on the mountains,
Over the hills and ev'rywhere,
Go, tell it on the mountains
That Jesus Christ is born.

1. When I was a seeker
I thought both night and day,
I asked the Lord to help me,
and He taught me to pray.

2. When I was a sinner,
I prayed both night and day,
I asked the Lord to help me,
And He showed me the way.

3. He made me a watchman
Upon the city wall;
And if I am a Christian,
I am the least of all.

Traditional

He's Got the Whole World in His Hands

1. He's got the whole world in His hands.
   He's got the whole world in His hands.
   He's got the whole world in His hands.
   He's got the whole world in His hands.

2. 𝄆 He's got the tiny little baby in his hands. 𝄇

3. 𝄆 He's got the you and me, brother, in his hands. 𝄇

4. 𝄆 He's got the son and his father in his hand. 𝄇

5. 𝄆 He's got the mother and her daughter in his hands. 𝄇

6. 𝄆 He's got everybody here in his hands. 𝄇

7. 𝄆 He's got the sun and the moon in his hands. 𝄇

8. 𝄆 He's go the whole world in his hands. 𝄇

Traditional

I Want to Be Ready

Traditional

Hold on!

Em
H7/f♯
If you want to get to heav-en I'll tell you
wore three links of
Em/g
Am7
H7
H7/d♯
how: Jus' keep your han' on the Gos - pel
chain; Ev' - ry link was my Je - sus
Em
Em7/d
Em6/c♯
Cmaj7
Em/h
Am7
plow.—
name.—
Keep your han' on the plow, Hold
Em
D
Em
Em
on, hold on. If that plow stays in your
Keep on plow - in; don't you
Em7/d
Em6/c♯
C
han', Land you straigt in the Promise' Lan',—
tire; Ev - 'ry round goes high'r an' higher.
Keep your
H7
H7/d♯
C/e
Am7
Em
D
han' on the plow, Hold on, hold
Em
Hold
H7
on
Hold
on, Hold on,

If you want to get to heaven I'll tell you how:
Jus' keep your han' on the Gospel plow,
Wore three links of chain;
Ev'ry link was my Jesus name.
Keep your han' on the plow,
Hold on, hold on.
If that plow stays in your han',
Land you straight in Promise' Lan'.
Keep on plowin; don't you tire;
Ev'ry round goes high'r an' higher.
Keep your han' on the plow,
Hold on, hold on,
Hold on, hold on.
Keep your han' on the plow,
Hold on.

Traditional

I'm A-Rolling

Langsam
Chorus
H7 E H7
I'm a - roll - ing, I'm a - roll - ing, I'm a -
E A Edim H7
roll - ing through an un - friend - ly world, I'm a -
E A
roll - ing, I'm a - roll - ing, through an
E/h H7 E
Fine
un - friend - ly world.
Verse
E A E
O, bro - thers won't you help me,
(sis - ters)
H7 E
O, bro - thers won't you help me to pray;
(sis - ters)
A E A
O, bro - thers won't you help me, won't you
(sis - ters)
Da capo al Fine
E H7 E H7
help me in the ser - vice of the Lord.

Chorus: I'm a-rolling, I'm a-rolling, I'm a-rolling
Through an unfriendly world,
I'm a-rolling, I'm a-rolling,
Through an unfriendly world.

1. O, brothers won't you help me,
O, brothers won't you help me to pray;
O, brothers won't you help me,
Won't you help me in the service of the Lord.

2. O, sisters won't you help me,
O, sisters won't you help me to pray;
O, sisters won't you help me,
Won't you help me in the service of the Lord.

Traditional

I was Born about Ten Thousand Years Ago

1. I was born about ten thousand years ago,
   And there's nothing in the world that I don't know,
   I saw Peter, Paul and Moses,
   Playing ring around the roses,
   And I'll lick the guy that says it isn't so.

2. I saw Stan when he looked the garden o'er.
   I saw Adam and Eve driven from the door,
   And behind the bushes peeping,
   Saw the apple they were eating,
   And I'll swear that I'm the guy that ate the core.

3. I saw Jonah when he shoved off in the whale,
And I thought he'd never live to tell the tale,
But old Jonah'd eaten garlic,
And ge gave the whale the colic,
So he coughed him up and let him outta jail.

4. I saw Samson when he laid the village cold,
I saw Daniel tame the lions in their hold;
I helped build the tower of Babel
Up as high as they were able,
And there's lots of other things I haven't told.

Traditional

Just a Closer Walk with Thee

1. Just a closer walk with Thee,
   Grant it Jesus if you please,
   We're daily walking close to Thee,
   Let is be, dear Lord, let is be.

2. I am weak but Thou art strong,
   Savior, keep me from all wrong,
   Daily walking arm in arm,
   Let it be, dear Lord, let it be.

3. In this world of toil and snares,
   If I falter, Lord, who cares?
   Who but Thee my burden shares?
   None but Thee, dear Lord, none but Thee.

4. When this feeble life is o'er,
Pain and sorrow be no more.
Jesus guide me safely o'er,
Canaan's shore, sweet Canaan's shore.

5. Just a closer walk with Thee,
Grant it Jesus if you please.
We're daily walking close to Thee,
Let it be, dear Lord, let it be.

Traditional

King of Kings

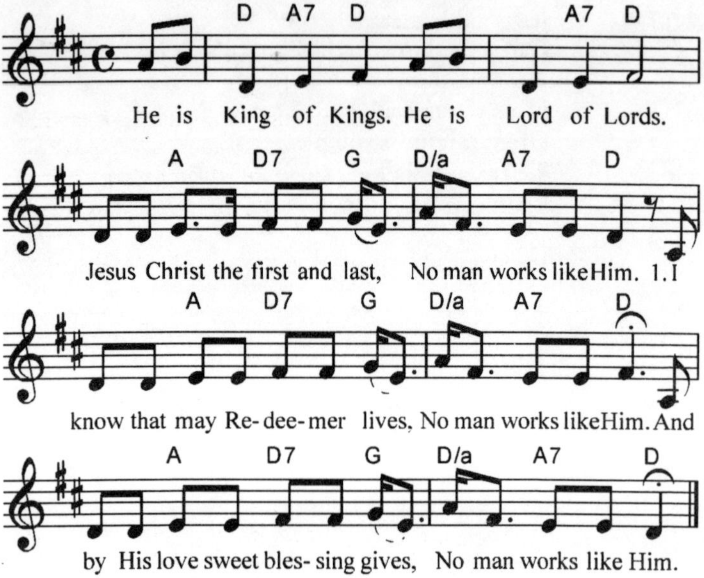

1. He is King of Kings.
   He is Lord of Lords.
   Jesus Christ the first and last,
   No man works like Him.
   I know that my Redeemer lives,
   No man works like Him.
   And by His love sweet blessing gives,
   No man works like Him.

2. He build a platform in the air
   No man works like Him.
   And calls the saints from ev'rywhere,
   No man works like Him.
   Refrain: He is the King of Kings …

3. O sinner if you will believe,
   No man works like Him.
   Grace of the Lord you will recieve,
   No man works like Him.
   Refrain: He is the King of Kings …

Traditional

Kum Ba Yah

1. Kum ba yah, my Lord, kum ba yah!
   Kum ba yah, my Lord, kum ba yah!
   Kum by yah, my Lord, kum ba yah!
   Oh, Lord, kum ba yah!

2. Someone's crying, Lord,
   Kum by yah!

3. Someone's singing, Lord,
   Kum ba yah!

4. Someone's praying, Lord,
   Kum ba yah!

Traditional

Let us Break Bread Together

2. Let us drink wine together on our knees,
Let us drink wine together on our knees.
When I fall down …

3. Let us praise God together on our knees,
Let us praise God together on our knees.
When I fall down …

Traditonal

Lonesome House Blues

2. I'm goin' away momma, just to wear you offa my mind.
I'm goin' away momma, just to wear you offa my mind.
If I stay here in Chicago, money's gonna be my crime.

3. My house is lonesome, my baby left me all alone.
My house is lonesome, my baby left me all alone.
If your heart ain't rock, sugar, it must be marble stone.

4. I got the blues so bad, it hurts my feet to walk.
I got the blues so bad, it hurts my feet to walk.
It has settled on my brain, and it hurts my feet to talk.

Traditional

Lord, Lord, Lord

Traditional

Michael, Row the Boat Ashore

1. Michael, row the boat ashore,
   hallelujah!
   Michael, row the boat ashore,
   hallelujah!

2. Michael boat a gospel boat,
   hallelujah! …

3. Michael boat a music boat,
   hallelujah! …

4. Gabriel, blow the trumpet horn,
   hallelujah! …

5. Brother, lend a helpin' hand,
   hallelujah! …

6. Boastin' talk will sink your soul,
   hallelujah! …

7. Jordan stream is wide and deep,
   hallelujah! …

8. Jesus stand on t'other side,
hallelujah! …

8. River run and darkness come,
halleluja! …

10. Sinner, row to save your soul,
hallelujah! …

Traditional

My Lord, what a Morning

2. You'll hear the sinner moan,
To wake the nations under ground,
Looking to my God's right hand,
When the stars begin to fall.

3. You'll hear the Christians shout,
To wake the nations under ground,
Looking to my God's right hand,
When the stars begin to fall.

Traditional

Nine Pound Hammer

1. This nine pound hammer is a little too heavy,
Honey for my size, honey for my size.
Roll on buddy don't you pull so slow.
How can I pull, when the wheels don't go.
Roll on buddy, pull a load of coal.
How can I pull, when the wheels don't go.

2. It's a long way to Harlan,
It's a long way to Hazard
Just to get a little brew,
Just to get a little brew.
Chorus: Roll on buddy ...

3. Ain't nobody's hammer
In this mountain,
That rings like mine,
That rings like mine.
Chorus: Roll on buddy ...

4. Well, I went up on the mountain
Just to see my sweet thing,
And I ain't comin' back,
No I ain't comin' back.
Chorus: Roll on buddy ...

Traditional

Nobody Knows de Trouble I've Seen

1. O, nobody knows de trouble I've seen,
   Nobody knows but Jesus.
   Nowbody knows de trouble I've seen.
   Glory hallelujah.
   Sometimes I'm up,
   Sometimes I'm down,
   Oh, yes, Lord.
   Sometimes I'm almost to de groun',
   Oh, yes, Lord.

2. Although you see me goin' 'long so,
Oh, yes Lord,
I have my trilas here below,
Oh, yes, Lord.

3. One day when I was walkin' 'long,
Oh, yes, Lord,
De el'ment open'd an' love came down,
Oh, yes, Lord.

4. I never shall forget that day,
Oh, yes, Lord,
When Jesus wash'd my sins away,
Oh, yes, Lord.

Tradional

Oh, Susanna

D
I come from Al - a - bam - a with my ban - jo on my
A7 D
knee, I'm goin' to Louis - ia - na My
A7 D
true love for to see. It rained all night the
A7
day I left, The wea - ther it was dry; The
D E7 A7
sun so hot I frozed to death, Sus - an - na, don't you
D G
cry. Oh. Sus - an - na, oh
D/a D/h Em A7 D
don't you cry for me. I've come from Al - a -
E7 A7 D
bam - a with my ban - jo on my knee.

1. I come from Alabama
With my banjo on my knee,
I'm goin' to Louisiana,
My true love to see.
It rained all night the day I left,
The weather it was dry;
The sun so hot I frozed to death,
Susanna, don't you cry.
Oh, Susanna, oh don't you cry for me.
I've come from Alabama
With my banjo on my knee.

2. I soon will be in New Orleans,
And then I'll look around,
And when I find Susanna,
I'll all upon the ground.
But if I do not find her
I'm surely bound to die,
And when I'm dead and buried,
Oh, Susanna, don't you cry.
Oh, Susanna, oh don't you cry for me
I've come from Alabama
With my banjo on my knee.

Text und Melodie: Stephen Foster (1826–1864)

Roll the Old Chariot Along

2. If the devil's in the way,
Just roll right over,
If the devil's in the way,
Just roll right over,
If the devil's in the way,
Just roll right over.
And you must hang on behind.

Traditional

Old Gray Horse

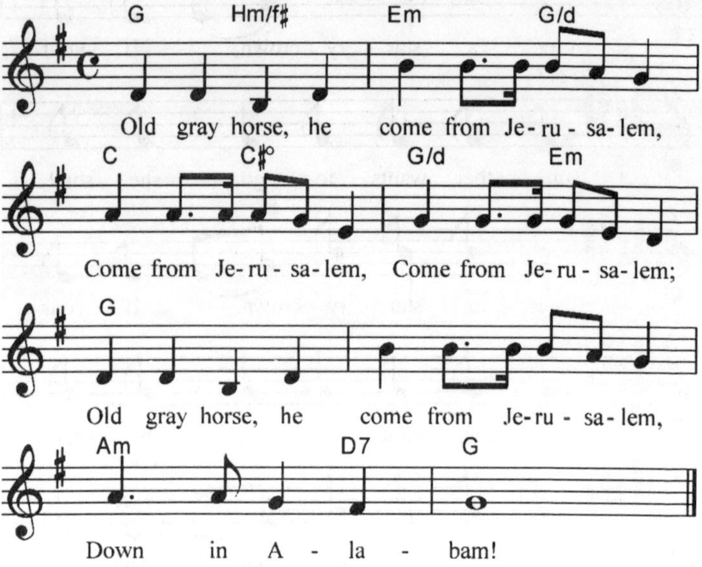

1. Old gray horse, he come from Jerusalem,
   Come from Jerusalem,
   Come from Jerusalem.
   Old gray horse, he come from Jerusalem,
   Down Alabam!

2. If my wife dies, I'll get me another one,
   Get me another one,
   Get me another one.
   If my wife dies, I'll get me another one,
   Down in Alabam!

3. Great big fat one, just like t'other one
   Just like t'other one,
   Just like t'other one.
   Great big fat one, just like t'other one,
   Down in Alabam!

Traditional, aus der Sklavenzeit.
Nach Dorothy Scarborough »*On the Trail of Negro Folk-Songs*«.

Run, Nigger, Run (I)

Traditional, aus der Sklavenzeit.
Nach Dorothy Scarborough *»On the Trail of Negro Folk-Songs«*.

Run, Nigger, Run (II)

Run, nigger, run, de paterroller get you,
Run, nigger, run, it's almost day.
Dat nigger run, dat nigger flew,
Dat nigger tore his shirt in two.
Run, nigger, run, de paterroller get you.
Run, nigger, run, it's almost day.

Traditional, aus der Sklavenzeit.
Nach Dorothy Scarborough »*On the Trail of Negro Folk-Sings*«.

Short'nin' Bread

1. Put on de skillet, put on de led;
   Mammy's gwine to make a li'l short'nin' bread*.
   Dat ain't all dat she's gwine to do
   She's gwine to make a li'l coffee too.
   Mammy's li'l baby loves short'nin', short'nin',
   Mammy's li'l baby loves short'nin' bread.

2. Three li'l Niggers lyin' in bed.
   Two wuz sick, an' t'ther 'most dead.
   Sont fo' de Doctor, an' de Doctor said:
   »Give dem Niggers some short'nin' bread,
   Give dem Niggers some short'nin' bread!«

3. I slipped in de kitchen, an' slipped up de led,
An' I slipped my pockets full ob short'nin' bread.
I stole de skillet**, I stole de led,
I stole de gal to make short'nin' bread.
I stole de gal to make short'nin' bread.

4. Dey caught me wid de skillet, dey caught me wid de led,
An' dey caught me wid de gal cookin' short'nin' bread.
Paid six dollars for de skillet, six dollar for de led,
Stayed six month in jail, eatin' short'nin' bread,
Stayed six month in jail, eatin' short'nin' bread.

* Short'nin' bread = eine Art Speckkuchen
** Skillet = Stielpfanne, Kasserolle

Traditional, Kinderlied.
Nach Dorothy Scarborough *»On the Trail of Negro Folk-Songs«.*

Sinner, you Know

Traditional.

Sometimes I Feel Like a Motherless Child

2. Sometimes I feel like I'm almos' gone,
Sometimes I feel like I'm almos' gone,
Sometimes I feel like I'm almos' gone;
Way up in de heab'nly lan'.
Way up in de heab'nly lan'.
True believer, way up in de heab'nly lan'.
Way up in de hean'nly lan'.

Traditional

Steel Away

2. Green trees are bending,
Poor sinner stands a-trembling.

3. Tombstones are bursting,
Poor sinner stands a-trembling.

4. My Lord calls me,
He calls me by the lightning.

Traditional

Story of Creation

First He made a sun,
Then He made a moon,
Then He made a possum,
Then He made a coon.
All de other creatures
He made 'em one by one;
Stuck 'em on de fence to dry
As soon as they was done.
Walkeein, walkeein; walk in, I say.
Walk into de parlor
and hear de banjo play.
Walk into de parlor
And hear de niggers sing,
And watch de nigger's fingers
as he picks upon the string.
Zing, zing ...

Traditional. Nach Dorothy Scarborough
»On the Trail of Negro Folk-Songs«.

Swing Low, Sweet Chariot

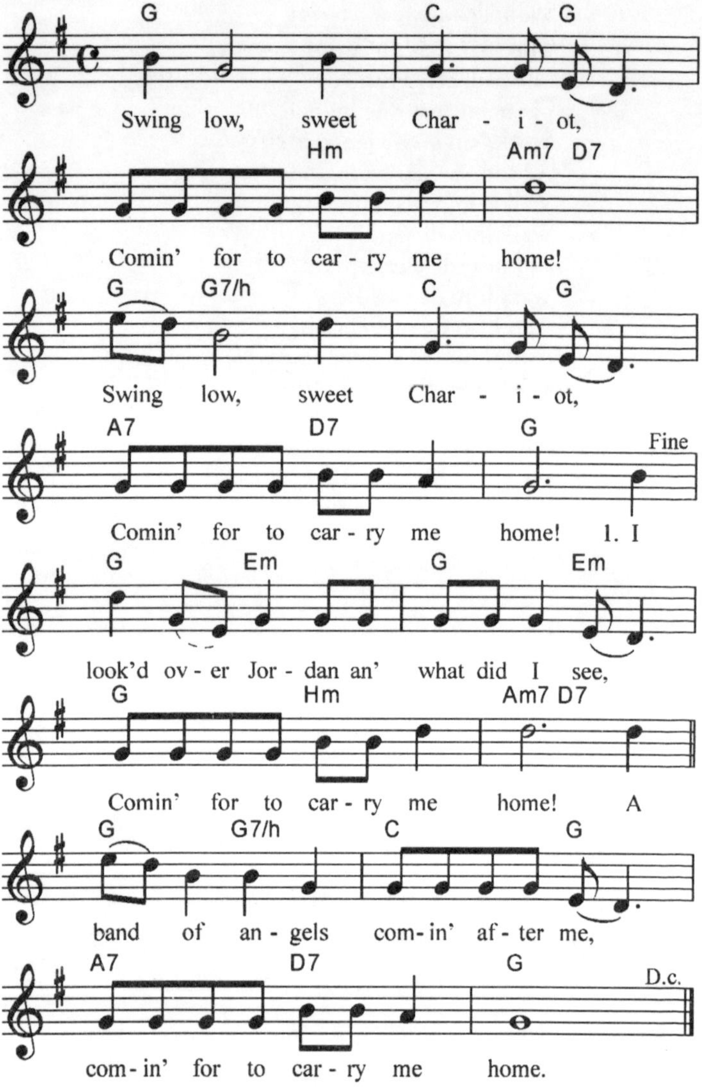

1. Swing low, sweet chariot,
Comin' for to carry me home!
Swing low, sweet chariot,
Comin' for to carry me home!
I look'd over Jordan an' what did I see,
Comin' for to carry me home!
A band of angels comin' after me,
Comin' for to carry me home.

2 If you get there before I do,
Comin' for to carry me home!
Jes' teli my fren's that I'm a-comin' too,
Comin' for to carry me home.

3. I'm sometime up an' sometime down,
Comin' for to carry me home!
But still my soul feels heavenly boun',
Comin' for to carry me home.

Traditional

Swanee River

(Old Folks at Home)

1. Way down upon de Swanee ribber,
Far, far away,
Dere's where my heart is turnin' ebber,
Dere's where de ole folks stay.
All de world am sad an' dreary,
Eb'ry where I roam.
Oh! darkeys how my heart grows weary,
Far from de ole folks at home.

2. All up an' down de whole creation,
Sadly I roam,
Still longin' for de ole plantation,
An' for de ole folks at home.
All de world ...

3. All 'roun' de little farm I wandered
When I was young,
Den many happy days I squandered,
Many de songs I sung.
All de world ...

4. When I was playin' wid my brudder
Happy was I,
Oh! Take me to my kind ole mudder,
Dere let me live an' die.
All de world ...

5. One little hut among the bushes,
One dat I love,
Still sadly to my mem'ry rushes,
No matter where I rove.
All de world ...

6. When will I see de bees a-hummin'
All 'roun' de comb?
When will I hear de banjo drummin'
Down in my good ole home.
All de world ...

Text und Melodie: Stephen Foster (1826–1864)

The Angel Rolled the Stone Away

Chorus: The angel rolled the stone away,
The angel rolled the stone away.
'Twas on a bright and shiny morn,
When the trumpet began to sound,
The angel rolled the stone away.

1. Sister Mary came a-runnin'
at the break of day,
Brought the news from heaven,
The stone done rolled away.

2. I'm a-lookin' for my Savior,
Tell me where he lay,
High up on the mountain,
The stone done rolled away.

3. The soldiers were a-plenty,
Standin' by the door,
But they could not hinder,
The stone done rolled away.

4. Old Pilate and his wise men,
Didn't know what to say,
The miracle was on them,
The stone done rolled away.

Traditional

The Blue-Tail Fly

Chorus: Jim crack corn, I don't care,
Jim crack corn, I don't care,
Jim crack corn, I don't care,
Ole Massa's gone away.

When I was going I used to wait
On Massa an' hand him de plate.
An' pass de bottle when he git dry
An' brush away de bluetail fly.

2. The arter dinner Massa sleep,
He bid dis Nigger vigil keep;
An' when he gwine to shut his eye,
He tell me watch de blue-tail fly.
Chorus: Jim crack corn, ...

3. An' when he ride in de arternoon,
I foller wid a hickory broom;
De pony being berry shy,
When bitten by de blue-tail fly.
Chorus: Jim crack corn, ...

4. One day he ride aroun' de farm;
De flies so numerous dey did swarm;
One chance to bite 'im on de thigh,
De debble take dat blue-tail fly.
Chorus: Jim crack corn, ...

5. De pony ran, he jump an' pitch,
An' tumble Massa in de ditch.
He died, an' de jury wondered why;
De verdic' was de blue-tail fly.
Chorus: Jim crack corn, ...

6. Dey laid 'im under a 'simmon tree*;
His epitaph am dar to see;
»Beneath dis stone I'm forced to lie,
All by de means ob de blue-tail fly.«
Chorus: Jim crack corn, ...

7. Ole Massa gone, now let 'im rest;
Dey say all t'ings am for de best.
I nebber forget till de day I die
Ole massa an' dat blue-tail fly.
Chorus: Jim crack corn, ...

* 'simmon tree = Persimmon tree = Dattelpflaume

Traditional. Nach Dorothy Scarborough
»On the Trail of Negro Folk-Songs.

The Camptown Races

1. De Camptown ladies sing dis song,
Doodah! doodah!
Come down dah wid my hat caved in,
Oh! doodah day!
De Camptown racetrack five miles long
Doodah! doodah!
I go back home wid my pocket full of tin.
Oh! doodah-day!
    Goin' to run all night!
    Goin' to run all day!
    I'll bet my money on de bobtail nag,
    Somebody bet on de bay.

2. De long-tail filly and de big black hoss,
Doodah! doodah!
Dey fly de track and dey both cut across,
Oh! doodah day!
Be blind hoss stickin' in a big bog hole,
Doodah! doodah!
Can't touch de bottom wid a ten foot pole,
Oh! doodah day!
    Goin' to run …

3. Old muley cow came onto de track,
Doodah! doodah!
De bob-tail flung ober his back,
Oh! doodah day!
Den flew along like a railroad car,
Doodah! doodah!
Runnin' a race wid a shottin' star,
Oh! doodah day!
    Goin' to run …

Text und Melodie: Stephen Foster (1826–1864)

Wade in the Water

Wade in the water,
Wade in the water, Children,
Wade in the water.
God's goin' to trouble the water.

1. See that band all dressed in white,
   God's goin' to trouble the water.
   The leader looks like the Israelite,
   God's goin' to trouble the water.

2. See that band all dressed in red,
   God's goin' to trouble the water.
   It looks like the band that Moses led,
   God's goin' to trouble the water.

Traditional

Were you There

1. Were you there, when they crucified my Lord?
Were you there, when they crucified my Lord?
O, sometimes it causes me to tremble, tremble, tremble!
Were you there, when they crucified my Lord?

2. Were you there, when they nailed Him to the cross?
Were you there, when they nailed Him to the cross?
O, sometimes it causes me to tremble, tremble, tremble!
Were you there, when they nailed Him to the cross?

3. Were you there, when they pierced Him in the side?
Were you there, when they pierced Him in the side?
O, sometimes it causes me to tremble, tremble, tremble!
Were you there, when they pierced Him in the side?

4. Were you there, when the sun refused to shine?
Were you there, when the sun refused to shine?
O, sometimes it causes me to tremble, tremble, tremble!
Were you there, when the sun refused to shine?

Traditional

When the Chariot Comes

2. King Jesus, he'll be driver, when she comes, …

3. She 'll be loaded with bright angels, when sie comes, …

4. She will neither rock nor totter, when she comes, …

5. She will run so level and steady, when she comes, …

6. She will take to the portals, when she comes, … Traditional

When the Saints Go Marchin' In

2. And when the band begins to play,
And when the band begins to play,
O, I want to be in that number,
When the band begins to play.

3. O, when they crown him, Lord of Lords,
O, when they crown him, Lord of Lords,
Yes, I want to be in that number,
When they crown him, Lord of Lords.

4. And when they gather 'round the throne,
And when they gather 'round the throne,
O, I want to be in that number,
When they gather 'round the throne.

Traditional

Volkslieder und Shanties aus aller Welt

Allons, enfants de la patrie!

1. Allons, enfants de la patrie,
le jour de gloire est arrivé,
contre nous de la tyrannie
l'étendart sanglant est levé.
L'étendart sanglant est levé.
Entendezvous dans les campagnes.
Mugir ces féroces soldats?
Ils viennent jusque dans nos bras,
Egorger nos fils, nos compagnes!
    Aux armes citoyens!
    Formez vos bataillons,
    marchons, marchons,
    qu'un sang impur abreuve nos sillons!

2. Tremblez, tyrans et vous, perfides,
L'opprobre de tous les partis!
Tremblez! vos projets parricides
Vont entin recevoir leur prix.
Tout est soldat pour vos combattre;
S'ils tombent, nos jeunes héros,
La terre en produit de nouveaux,
Contre vous tout prêts à se battre.
Aux armes …

3. Amour sacré de la patrie,
Conduis, soutiens nos bras vengeurs
Liberté, liberté, chérie,
Combats avec tes défenseurs,
Sous nos drapeaux que la victoire
Accoure à tes mâles accents;
Que tes ennemis expirants
Voient ton triomphe et notre gloire.
Aux armes …

[La Marseillaise]
Text und Melodie: volkstümlich aus Frankreich;
entstanden in der Zeit der Französischen Revolution.

Au Clair de la Lune

1. Au clair de la lune,
   mon ami Pierrot,
   prête moi ta plume
   pour écrire un mot,
   ma chandelle est morte,
   je n'ai plus de feu,
   ouvre moi ta porte
   pour l' amour de Dieu.
2. Au clair de la lune
   Pierrot répondit:
   je n'ai pas de plume,
   je suis dans mon lit.
   Va chez la voisine,
   je crois qu'elle y est,
   car dans la cuisine
   on bat le briquet.

Text und Melodie: volkstümlich, aus Frankreich.

Anulienka moja

2. Hab' die Pfauen dort gehütet,
wo seit sieben Jahren
nichts mehr wächst und keine
andern Hirten waren.

3. Auch wenn ich die Pferde tränke,
Anulienka moja
ich nur an dich denke,
Anulienka moja.

4. Hol' ich Futter von der Weide,
Anulienka moja,
denk' ich an uns beide
Anulienka moja.

5. In Gedanken bin ich bei dir,
Anulienka moja,
bleib für immer bei mir,
Anulienka moja.

Text und Melodie: volkstümlich, aus der Slowakei;
deutsche Nachdichtung von Lilian Klawitter.

Away Rio

D
The an - chor is weigh'd, and the
A7 D
sails they are set. A - way
G D
Ri - o. The maids we are leav - ing we'll
A7 D A7
nev - er for - get, And we're bound for the Ri - o
D A7 D
Grande, and a - way Ri - o, a -
G
way Ri - o, we're bound a -
D A7 D
way on this ver - y day, yes, we're
D/a A7 D
bound for the Ri - o Grande.

1. The anchor is weigh'd, and the sails they are set.
   Away Rio.
   The maids we are leaving we'll never forget,
   And we're bound for Rio Grande, and away Rio, away Rio,
   We're bound away on this very day,
   Yes, we're bound for the Rio Grande.

2. So it's pack up your donkey and get under way.
   Away Rio.
   The girls we are leaving can take half our pay,
   And we're bound …

3. We've a jolly good ship and a jolly good crew.
   Away Rio.
   A jolly good mate and a good skipper too,
   And we're bound …

4. We'll sing as we heave to the maidens we leave.
   Away Rio.
   And you who are listening, goodbye to you,
   And we're bound …

5. Heave with a will, and heave long and strong.
   Away Rio.
   Sing the good chorus, for 'tis a good song,
   And we're bound …

6. The chains up and down now, the bosun did say,
   Away Rio.
   Heave up the hawsepipe, the anchors aweigh,
   And we're bound …

* capstan = Ankerwinde

Shanty, traditional

Ayangena

Text und Melodie: aus Südafrika [Zulu],
Lied aus den Lagern der Freiheitskämpfer,
die häufig von den südafrikanischen
Truppen überfallen wurden.
Bearbeitet von Stephan Uhlig-Rendigs.

Übersetzung:
Sie fallen in unser Land ein,
sie ziehn sich wieder zurück,
sie zittern, sind verwirrt,
Feinde, die uns fürchten.

Bella Ciao

1. Una mattina
mi sono alzato,
o bella ciao, …
una mattina
mi sono alzato,
e ho trovato l'invasor.

2. O partigiano
portami via
O bella ciao …
O partigiano
portami via
qui mi sento morir.

3. E se io muoio
de partigiano
O bella ciao …
E se io muoio
tu mi devi
seppelir.

4. Seppelire
sulla montagna
O bella ciao …
Seppelire
sulla montagna
sotto l'ombra d'un bel fior.

5. E le genti
che passeranno
O bella ciao …
E le genti
che passeranno
Diranno o che bel fior.

6. E quest' é il fiore
del partigiano
O bella ciao …
E quest' é il fiore
del partigiano
morto per la libertà!

Text und Melodie: volkstümlich, aus Italien;
Lied der italienischen Partisanen im 2. Weltkrieg.

Bleib doch stehn! (Ty pastoi!)

1. Draußen seh' ich Schnee aufwirbeln
und verweh'n
und durch das Schneegestöber
meine schöne Liebste geh'n.
Bleib doch steh'n
und wart auf mich,
sonst hol' ich dich nicht ein!
Laß mich dich beschützen,
laß mich bei dir sein!

2. Deine Schönheit leuchtet wie ein
klarer Stern,
aber mein Herz tut weh,
denn du bist wie ein Stern so fern.
Bleib doch steh'n ...

3. Gehe nicht alleine durch die
Winternacht!
Überall sind viele Gefahren,
nimm dich doch in acht!
Bleib doch steh'n ...

Text und Melodie: volkstümlich, aus Rußland;
deutsche Nachdichtung von Lilian Klawitter.

Blow the Man Down

1. Come all you young fellows who follows the sea,
   To me way, hey!
   Blow the man down;
   Now pray pay attention and listen to me.
   Give me some time to blow the man down.

2. I'm a deep water sailor just in from Hong Kong,
   To me way …
   If you'll give me some grog, I'll sing you a song.
   Give me some time …

3. 'Twas on a Black Baller I first served my time,
   To me way …
   And on that Black Baller I wasted my prime.
   Give me some time …

4. 'Tis when a Black Baller's preparing for sea,
To me way …
You'd split your sides laughing at sights that you see.
Give me some time …

5. With tinkers and tailors and soldiers and all,
To me way …
That ship for prime seamen on board a Black Ball.
Give me some time …

6. 'Tis when a Black Baller is clear of the land,
To me way …
Our Boatswain then gives us the word of command.
Give me some time …

7. »Lay aft«, is the cry, »to the break of the Poop!«
To me way …
»Or I'll help you along with the toe of my boot!«
Give me some time …

8. 'Tis larboard and starboard on the deck you will sprawl,
To me way …
For »Kicking Jack« Williams commands the Black Ball.
Give me some time …

9. Pay attention to orders, now you one and all,
To me way …
For right there above you flies the Black Ball.
Give me some time …

Traditional

Blow ye Winds

Chorus: Blow, ye winds, in the morning
blow ye winds, heigho,
Oh, haul away your running gear,
and blow, ye winds heigho.

1. 'Tis advertised in Boston, New York and Buffalo,
five hundred brave Americans awhaling for to go.

2. They send you to New Bedford, a famous whaling port,
And give you to some landsharks to board and fit you out.
Chorus: Blow, ye winds, ...

3. They tell you of the clipper-ships a-running in and out,
And say you'll take five hundred sperm before you're six
Chorus: Blow, ye winds, ... [months out.

4. And now we're out to sea, my boys, the wind comes on to blow;
One half the watch is sick on deck, the other half below.
Chorus: Blow, ye winds, ...

5. The Skipper's on the quarterdeck a-squinting at the sails,
When up above the lookout sights a mighty school of whales.
Chorus: Blow, ye winds, ...

6. Then lower down the boats, my boys, and after him we'll travel,
But if you get too near his fluke he'll kick you to the devil.
Chorus: Blow, ye winds, ...

7. And now that he is ours, my boys, we'll tow him alongside;
Then over with our blubber-hooks and rob him of his hide.
Chorus: Blow, ye winds, ...

Traditional

Bruder Jakob (Frère Jacques)

Bruder Jakob, Bruder Jakob,
schläfst du noch, schläfst du noch?
Hörst du nicht die Glocken,
hörst du nicht die Glocken?
Bim, bam, bom, bim, bam, bom.

Text und Melodie: volkstümlich, aus Frankreich.

Chevaliers de la Table Ronde

1. Chevaliers de la table ronde,
goûtons voir si le vin est bon.
Allons voir, oui, oui, oui,
allons voir, non, non, non,
allons voir si le vin est bon,
allons voir, oui, oui, oui,
allons voir, non, non, non,
allons voir si le vin est bon.

2. S'il est bon, s'il est agréable,
j'en boirai jusqu'a mon plaisir.

3. Si je meurs, je veux qu'on m'enterre
dans une cave ou il y a bon vin.

4. Les deux pieds contre la muraille
et la tête sous le robinet.

5. Sur ma tombe, je veux qu'on inscrive:
»lei git le roi des buveurs.«

6. La morale de cette histoire:
C'est de boire avant de mourir.

Text und Melodie: volkstümlich, aus Frankreich.

Cindy

1. Oh, have you seen my Cindy,
   She comes from down south,
   and she's so sweet, the honey bees
   Just swarm around her mouth.
   Chorus: Get along home, Cindy, Cindy,
   Get along home, Cindy, Cindy,
   Get along home, Cindy, Cindy.
   I'll marry you some day.

2. I wish I was an apple,
A-hangin' on a tree;
And every time my Cindy passed
She'd take a bite of me.
Chorus: Get along home, ...

3. The first time I saw Cindy
She was standin' in the door,
Her shoes and stockings in her hand,
Her feet all over the floor.
Chorus: Get along home, ...

4. She took me to the parlor,
She cooled me with a fan.
She swore I was the prettiest thing
In the shape of mortal man.
Chorus: Get along home, ...

5. She hugged me and she kissed me,
She called me »sugar plum«;
She threw her arms around me neck –
I thought my time had come.
Chorus: Get along home, ...

6. Cindy got religion,
She had it once before;
But when she heard my old guitar
She's the first one on the floor.
Chorus: Get along home, ...

Text und Melodie: volkstümlich,
aus den Vereinigten Staaten.

Corinna

1. Corinna, Corinna, where'd you stay last night?
   Tell me, Corinna, where'd you stay last night?
   Your shoes ain't buttoned, girl, don't fit you right.

2. Corinna, Corinna, where you been so long?
   Corinna, Corinna, where you been so long?
   Ain't had no lovin', since you been gone.

3. Corinna, Corinna, what's the matter now?
   Corinna, Corinna, what's the matter now?
   You done gone bad, babe, ain't no good nohow.

4. Corinna, Corinna, way across the sea,
Corinna, Corinna, way across the sea,
Ain't done no good, babe, since you left me.

5. I love Corinna, God knows I do,
I love Corinna, God knows I do,
And I hope some day, she come to love me too.

Text und Melodie: volkstümlich, aus den Vereinigten Staaten.

Der sterbende Kosake

(Kozak)

1. Auf dem Feld am Wegesrande,
steht ein junger Baum.
Hier verweht ein junges Leben
wie ein kurzer Traum.
Ein Kosake liegt im Sterben,
ringt noch mit dem Tod,
nur der Baum mit seinem Schatten,
lindert seine Not;
nur der Baum mit seinem Schatten,
lindert seine Not.

2. Und was hier auf dieser Erde
sein letzter Blick einfing,
war ein kleiner, flügellahmer,
bunter Schmetterling.
Dann versinkt die Welt im Nebel,
sein Herz schlägt laut und schwer,
und die müden Augenlider
heben sich nicht mehr;
und die müden Augenlider
heben sich nicht mehr.

3. Und er ruft nach seiner Mutter,
bei ihr wär' er gern.
Die ihm immer nahgestanden
ist ihm jetzt so fern.
An sie sollte jeder denken,
der Krieg zu machen wagt,
doch die Mütter dieser Erde
werden nicht gefragt;
doch die Mütter dieser Erde
werden nicht gefragt.

Text und Melodie: nach Stanislaw Moniuszko (1819–1872).

Down by the Banks of the Ohio

1. I asked my love to take a walk,
To take a walk, just a little walk,
Down beside where the waters flow,
Down by the banks of the Ohio.
Chorus: And only say, that you'll be mine,
In no others arms entwine.
Down beside where the waters flow,
Down by the banks of the Ohio.

2. I held a knife against her breast
As into my arms she pressed,
»Willie, oh Willie, don't murder me,
I'm not prepared for eternity.«
Chorus: And only say, …

3. I started home 'twixt twelve and one,
Crying »My God! What have I done?
Killed the only woman I loved,
Because she would not be my bride.«
Chorus: And only say, …

Text und Melodie: volkstümlich, aus den Vereinigten Staaten.

Eggs and Marrowbone

1. There was an old woman in our town,
In our town did dwell,
She loved her husband dearly
But another man twice as well.

2. She went down to the doctor
To see what she could find,
To see what she could find, sir
To make her old man blind.

3. Eggs, eggs and marrowbone,
Feed them to him all,
That will make him so goldern blind
That he can't see you at all.

4. She feed him eggs and marrowbone,
Fed them to him all;
That did make him so goshdern blind
That he couldn't see her at all.

5. Now that I am old and blind,
And tired of my life,
I will go down and drown myself,
And that will end my strife.

6. To drown yourself, to drown yourself,
Now that would be a sin,
So I'll go down to the water's edge
And kindly push you in.

7. The old woman took a running jump
For to push the old man in,
The old man he stepped to one side
And the old woman she fell in.

8. She cried for help, screamed for help,
Loudly did she bawl,
The old man said, »I'm so goshdern blind
I can't see you at all.

9. She swam along, she swam along,
Till she came to the river's brim,
The old man got a great long pole
And pushed her further in.

10. Now the old woman is dead and gone,
And the Devil's got her soul.
Wasn't she a blamed old fool
That she did not grab the pole?

11. Eggs, eggs and marrowbone
Won't make your old man blind,
So if you want to push him in –
You must sneak up from behind.

Text und Melodie: volkstümlich, aus den Vereinigten Staaten.

Father and I went

1. Father and I went down to camp,
Along with Cap'n Gooding;
And there we saw the men and boys,
as thick as hasty pudding.
Yankee Doodle, keep it up,
Yankee Doodle Dandy;
Mind the music and the step,
and with the girls be handy.

2. And there we see a thousand men,
As rich as Squire David
And what they wasted every day,
I wish it could be saved.
Yankee Doodle, ...

3. And there was Cap'n Washington,
And gentle folks about him;
They say he's grown to 'tarnal proud
He will not ride without 'em.
Yankee Doodle, ...

4. I saw another shoal of men,
A-digging graves, they told me;
So 'farnal long, so 'farnal deep,
They 'tended they should hold me.
Yankee Doodle, ...

5. It scared me, so I hooked it off,
Nor stopped, as I remember,
Nor turned about till I got home,
Looked up in mother's chamber.
Yankee Doodle, ...

Text und Melodie: volkstümlich, aus den Vereinigten Staaten.

Frankie was a Good Woman

1. Frankie was a good woman,
   Ev'rybody knows,
   She'd give the tailor a hundred dollar-bill,
   To make her man a suit of clothes.
   Chorus: He was her man,
   but he done her wrong.

2. Frankie was a good woman,
   Ev'rybody knows,
   Every time she gave Albert a hundred-dollar bill,
   He'd spend it on those parlour house whores,
   Chorus: He was her man, ...

3. Frankie went down to the bar-room
And called for a glass of gin,
She asked the man called the bartender,
»Has my cheatin' man been in?
Chorus: He is my man,
I believe he's doin' me wrong.«

4. Says, »Frankie, I'll tell you no story,
Good gal, I'll tell you no lie,
I saw your man pass here an hour ago,
With a girl called Alice Fry,
Chorus: He is your man,
I believe he's doin' you wrong.«

5. Well, Frankie she went walkin',
Wasn't gone for fun,
Underneath her apron,
Had Albert's forty-one.
Chorus: Kill her man,
'cause he done her wrong.

6. Frankie she shot Albert,
Fell down on his knees,
Cried, Lordy, Lordy, policeman,
Don't let this woman kill me.
Chorus: I was her man,
but I done her wrong.

7. Well, they're taking Albert to the graveyard,
Went to lay him down
Frankie was a-screaming,
With such a mournful sound,
Chorus: I killed my man
'cause he done me wrong.

Text und Melodie: volkstümlich, aus den Vereinigten Staaten.

Gentille Alouette

1. Alouette, gentille alouette, alouette
Je te plumerai. Je te plumerai le bec,
Je te plumerai le bec,
Et les yeux, et les yeux,
Alouett', alouett' ah!

2 Je te plumerai les yeux …
et le bec … Ah! Alouette …

3. Je te plumerai la tête' …
et les yeux … et le bec … Ah! Alouette …

4. Je te plumeri le cou …
et la tête … et les yeux …
Puis: Je te rôtirai.
Puis: Je te mangerai …
Puis: Je te plumerai le cou,
les ailes, le dos, les pattes,
etc. …

Text und Melodie: volkstümlich, aus Frankreich.

Glory, Glory, Hallelujah

1. John Brown's body lies a-mould'rin' in the grave,
John Brown's body lies a-mould'rin' in the grave.
John Brown's body lies a-mould'rin' in the grave,
But his soul goes marching on.
Glory, glory halleluja!
Glory, glory halleluja!
Glory, glory halleluja!
But his soul goes marching on.

2. 𝄆 The stars above in heaven are
a-lookin' kindly down, 𝄇
On the grave of old John Brown.
Refrain: Glory, …

3. He captured Harper's Ferry with
his nineteen men so true,
He frightened Old Virginia till
she trembled through and through.
They hanged him for a traitor, they
themselves the traitor crew
But his soul goes marching on.
Refrain: Glory, …

4. 𝄆 Well, he's gone to be a soldier
in the army of the Lord, 𝄇
But his soul goes marching on.
Refrain: Glory, …

Text und Melodie: volkstümlich, aus den Vereinigten Staaten.

God Save the Queen

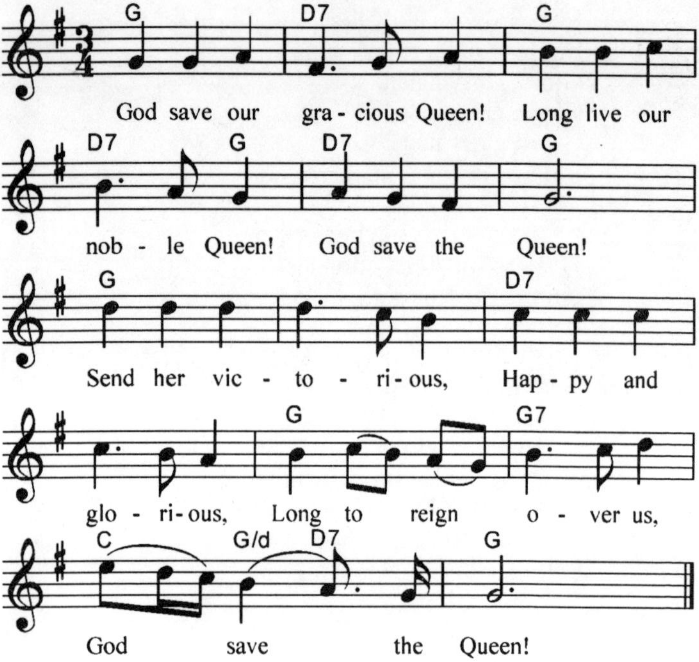

2. O Lord our God, arise,
   Scatter her enemies,
   And make them fall.
   Confound their politics,
   Frustrate their knavish tricks,
   On Thee our hopes we fix,
   God save us all.

3. Thy choicest gifts in store
   On her be pleased to pour,
   Long may she reign!
   May she defend our laws,
   And ever give us cause
   To sing with heart and voice,
   God save the Queen!

Text und Melodie: Britische Nationalhymne.

Good Night Ladies

1. Good night, Ladies! Good night, Ladies!
   Good night, Ladies, we're going to leave you now.
   Merrily we roll along, roll along, roll along,
   merrily we roll along o'er the dark blue sea.

2. Farewell, Ladies! Farewell, Ladies!
   Farewell, Ladies, we're going to leave you now.
   Merrily we roll along, …

3. Sweet dreams, Ladies! Sweet dreams, Ladies!
   Sweet dreams, Ladies, we're going to leave you now.
   Merrily we roll along, …

Text und Melodie: volkstümlich, aus England.

Gaudeamus igitur

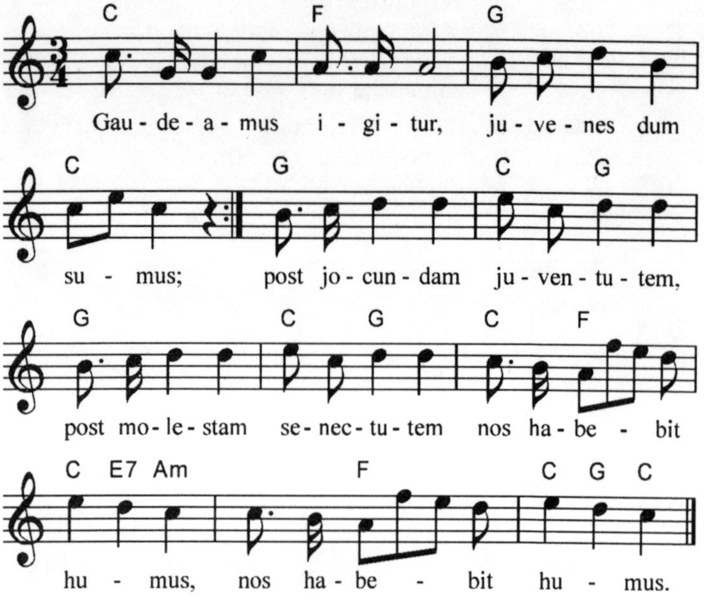

1. Gaudeamus igitur,
   juvenes dum sumus;
   post jocundam juventutem,
   post molestam senectutem
   nos habebit humus.

2. Ubi sunt, qui ante nos
   in mundo fuere?
   Vadite ad superos,
   transite ad inferos,
   ubi jam fuere.

3. Vita nostra brevis est,
   brevi finietur,
   venit mors velociter,
   rapit nos atrociter,
   nemini parcetur.

4. Vivat academia,
vivant professores,
vivat membrum quodlibet,
vivant membra quaelibet,
semper sint in flore!

5. Vivant omnes virgines,
faciles, formosae,
vivant et mulieres,
tenerae, amabiles
bonae, laboriosae!

6. Vivat et res publica
et qui illam regit,
vivat nostra civitas,
maecenatum caritas,
quae nos hic protegit!

7. Pereat tristitia,
pereant osores,
pereat diabolus,
quivis antiburschius,
atque irrisores!

Altes Studentenlied; Text: Chr. Wilhelm Kindleben (1781); Melodie: volkstümlich, aus dem 18. Jahrhundert.

Guantanamera

1. Guantanamera, guajira Guantanamera,
Guantanamera, guajira Guantanamera.
Yo soy un hombre sincero de donde crece la palma.
Yo soy un hombre sincero de donde crece la palma.
Y antes de morir me quiero echarmis versos del alma.

2. Con los pobres de la tierra quiero yo mi suerte echar
el arroyo de la sierra me complace más que el mar.

Text und Melodie: volkstümlich aus Spanien.

Haul Away, Joe

1. When I was a little lad
    and so my mother told me,
Way, haul away, we'll haul away Joe,
That if I did not kiss a gal
    my lips would grow all moldy.
Way, haul away, we'll haul away Joe.
Chorus: Way, haul away,
    we'll haul for better weather,
    way, haul away,
    we'll haul away Joe.

2. King Louis was the King of France
    before the Revolution,
Way, haul away, we'll haul away Joe.
King Louis got his head cut off
    which spoiled his constitution.
Way, haul away, we'll haul away Joe.
Chorus: Way, haul away, ...

3. Oh, the cook is in the galley
    making duff so handy,
Way, haul away, we'll haul away Joe.
And the captain's in his cabin
    drinkin' wine and brandy.
Way, haul away, we'll haul away Joe.
Chorus: Way, haul away, ...

Traditional

Havah nagila

Text und Melodie: volkstümlich aus Israel.

Hullabaloo, belay

1. My mother kept a boarding house,
Hullabaloo, belay; Hullabaloo, balla, belay,
and all the boarders were out to sea,
Hullabaloo, belay.

2. A fresh young fellow named Shallo Brown*,
Hullabaloo, belay; Hullabaloo, belay,
Followed my mother all 'round the town,
Hullabaloo, belay.

3. One day when father was on the crown,
Hullabaloo, belay; Hullabaloo, belay,
My mother ran off with Shallo Brown,
Hullabaloo, belay.

4. My father says, »Young man, me b'y«,
Hullabaloo, belay; Hullabaloo, belay,
To which I quickly made reply,
Hullabaloo, belay.

5. My father slowly pined away,
Hullabaloo, belay; Hullabaloo, belay,
Because my mother came back the next day,
Hullabaloo, belay.

* Shallo Brown war ein berüchtigter Vermieter von Seemannsunterkünften. Die Seeleute erpreßte er, indem er sich drei Monate im voraus bezahlen ließ, sie dann aber unter Zwang weiter vermittelte.

Traditional

Ich muß ihn suchen

(Hej, bystra woda)

2. Sag' liebes Bächlein, munteres Bächlein,
ist er ein Räuber, mein lieber Hans?
Ich muß ihn suchen ...

3. Sag' liebes Bäumchen, weißt du es auch schon,
daß man gefangen hat meinen Hans?
Ich muß ihn suchen ...

4. Sag' liebe Sonne, soll ich es glauben,
daß man heut' Nacht noch henkt meinen Hans?
Ich bin zu müde, weiter zu suchen.
Fort ist mein Schleier, welk ist mein Kranz.

Text: nach einem polnischen Volkslied; Melodie: volkstümlich.
Deutsche Nachdichtung von Lilian Klawitter.

Jingle Bells

Text und Melodie: volkstümlich, aus den Vereinigten Staaten.

Kalinka

H7
Ka - lin - ka, Ka - lin - ka, Ka - lin - ka ma -
Em H7
ja, fsa - du ja - go - da ma - lin - ka, ma -
1. Em 2.Em D7
lin - ka, ma - ja, ach, Ka - ja
G D7 G D7 G D7
Pod - sos - - no - ju, pod - se le -
Ssa - sjo - - nusch - ka, te - sie - lio -
G C
no - ju, spat pol - lo gi - te -
na - ja, nie schu - mi - te -
D7 G D7 G D7
wi me - nja. Ai lju - li, lju - li,
na - da mnoi.
G D7 G D7 C
ai lju - li spatch pa - la
nie schu -
D7 B7
ge - tie - we mi - nia.
mi - te - na - da mnoi.

Wörtliche Übersetzung (Inhaltsangabe, nicht zum Singen der Melodie geeignet):

Kalinka, Kalinka, Kalinka, du meine.
Im Garten, die Beere,
Malinka, malinka, du meine.

Unter der Kiefer,
unter der grünen Kiefer
laßt mich schlafen gehen.
Kalinka ...

Kleine Kiefer, du grüne Kiefer,
hör auf, über mir zu rauschen!
Kalinka ...

Schönes Mädchen, meine Seele,
hab' mich gern!
Kalinka ...

Text und Melodie: volkstümlich, aus Rußland.

La Cucaracha

2. Cuando uno quiere a una y esta una no lo quiere,
es lo mismo que si un calva en la calle encuentra un peine.

3. Mi vecina de enfrente se Ilamaba Dona Clara,
y si no estuviera muerto es probable se Ilamara.

4. Ya murio la cucaracha, ya la Ilevan a enterrar
entre cuatro zopilotes y un raton de sacristan.

Text und Melodie: volkstümlich, aus Südamerika.

Le Carillonneur

Maudit soistu carillonneur,
que Dieu créa pour mon malheur!
Dès le point du jour à la cloche
il s'acchroche, et le soir encor'
carillonne plus fort!
Quand sonneraton la mort
du sonneur?

Text und Melodie: volkstümlich, aus Frankreich.

Le joli Tambour

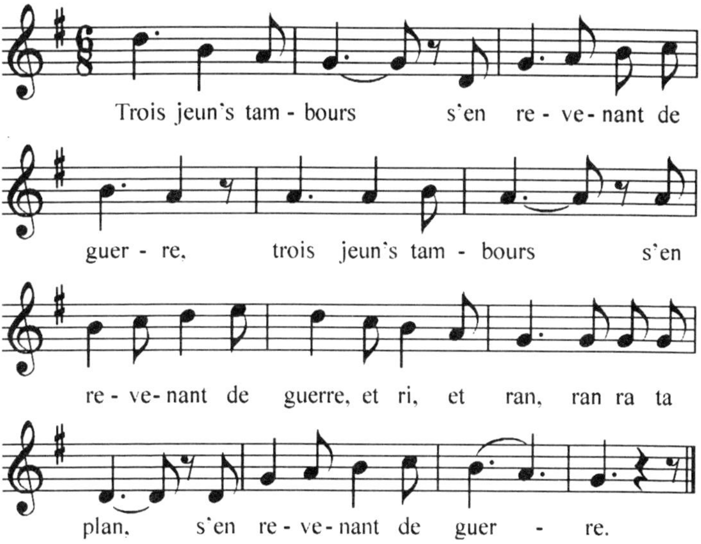

1. Trois jeun's tambours s'en revenant de guerre,
   trois jeun's tambours s'en revenant de guerre,
   et ri, et ran, ran ra ta plan, s'en revenant de guerre.

2. Le plus joli a dans sa bouche une rose …

3. Fille du roi était à sa fenêtre …

4. Joli tambour, donnez-moi votre rose! …

5. Fille du roi, donnez-moi votre coeur! …

6. Joli tambour, demandez l'a mon père! …

7. Sire le roi, donnez-moi votre fille! …

8. Joli tambour, tu n'es pas assez riche …

9. J'ai trois vaisseaux dessus la mer jolie …

10. L’un chargé d’or, l’autre d’argenterie …

11. Et le troisième pour promener m’amie …

12. Joli tambour, tu auras donc ma fille …

13. Sire le roi, je vous en remerci …

14. Dans mon pays, y en a de plus jolies …

Text und Melodie: volkstümlich, aus Frankreich.

Lied der polnischen Partisanen

1. Wenn heut' Nacht die Nebel steigen
aus dem schläfrig trüben Fluß,
geh' ich in die Wälder,
weil ich zu den Partisanen muß.
Schau hinauf zu deinem Fenster,
kühl streift mich der Abendhauch.
Meine Kameraden warten,
doch ich weiß, du wartest auch.
Meine Kameraden warten,
doch ich weiß, du wartest auch.

2. Ringsum ist es still geworden,
nur im Dorf, da bellt ein Hund.
Sanft berührt der Mond den Himmel
und erhellt den Wiesengrund.
Doch in mir ist alles dunkel
und der Abschied fällt mir schwer,
denn ich weiß nicht, meine Liebste,
ob ich jemals wiederkehr',
denn ich weiß nicht, meine Liebste,
ob ich jemals wiederkehr'.

3. Wenn ich draußen fallen werde
in der kriegsbedrohten Welt,
bitte du dann meinen Bruder,
daß er mir mein Feld bestellt.
Und wenn dann die Ähren reifen
geh' hinaus und küsse sie,
denn ich leb' in ihnen weiter,
ganz verloren sind wir nie,
denn ich leb' in ihnen weiter,
ganz verloren sind wir nie.

Text und Melodie: volkstümlich, aus Polen;
deutsche Nachdichtung von Lilian Klawitter.

Meine Liebste

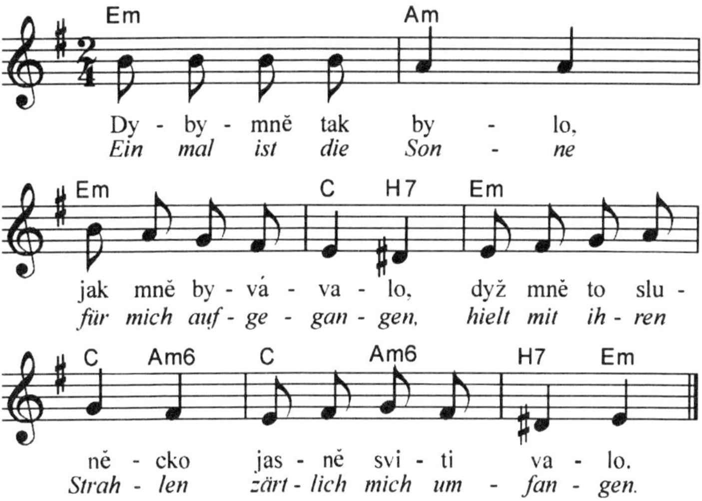

1. Einmal ist die Sonne
für mich aufgegangen,
hielt mit ihren Strahlen
zärtlich mich umfangen.

2. Und der Tag war froher,
leuchtender und bunter.
Hinter fernen Bergen
ging die Sonne unter.

3. So hat meine Liebste
mir erhellt mein Leben.
Alles Glück der Erde
hat sie mir gegeben.

4. Nun bin ich alleine,
denk' an sie mit Bangen.
Wie die helle Sonne
ist sie fortgegangen.

Text und Melodie: volkstümlich, aus der Slowakei;
deutsche Nachdichtung von Lilian Klawitter.

Meunier, tu dors

2. Meunier, tu dors,
et le vent souffle, souffle,
Meunier, tu dors,
et le vent souffle fort!
Refrain: Ton moulin, …

3. Meunier, tu dors,
voici venir l'orage,
Le ciel est noir,
il va bientôt pleuvoir!
Refrain: Ton moulin, …

4. Meunier, tu dors,
le vent brise les ailes,
Et ton moulin,
il se taira demain.
Refrain: Ton moulin, …

Text und Melodie: volkstümlich, aus Frankreich.

My Bonnie

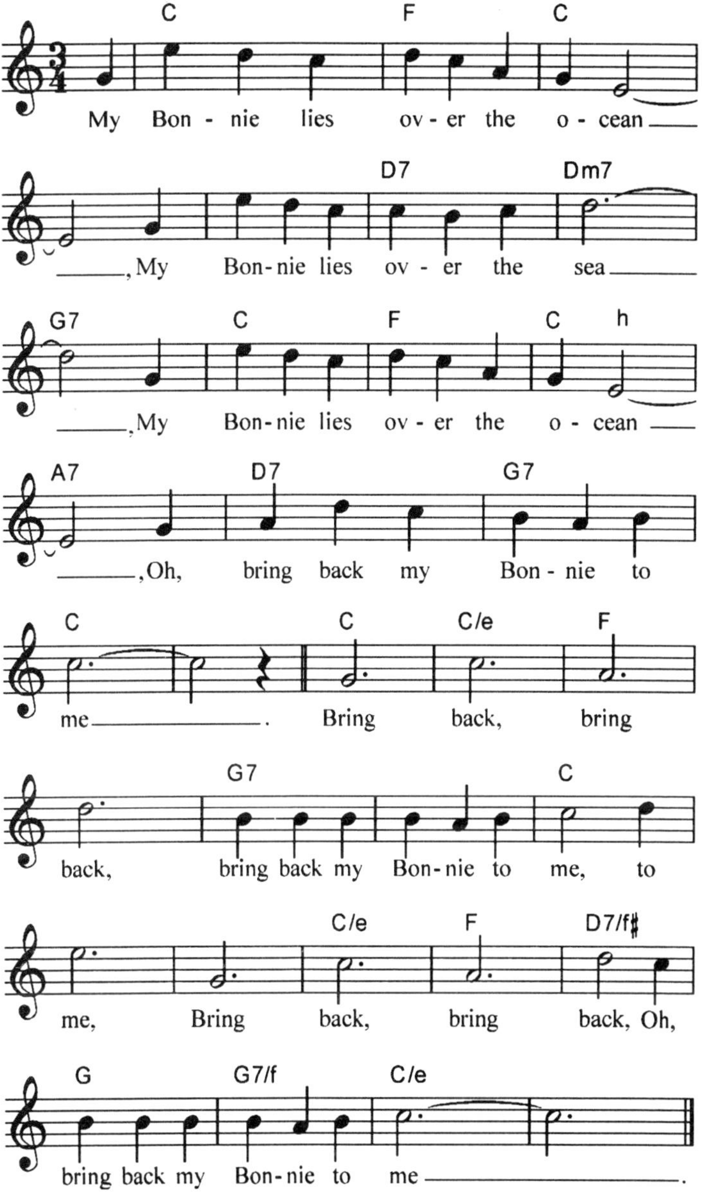
C F C
My Bon - nie lies ov - er the o - cean
D7 Dm7
, My Bon-nie lies ov - er the sea
G7 C F C h
, My Bon-nie lies ov - er the o - cean
A7 D7 G7
, Oh, bring back my Bon - nie to
C C C/e F
me . Bring back, bring
G7 C
back, bring back my Bon-nie to me, to
C/e F D7/f♯
me, Bring back, bring back, Oh,
G G7/f C/e
bring back my Bon-nie to me .

1. My Bonnie lies over the ocean,
My Bonnie lies over the sea,
My Bonnie lies over the ocean,
Oh, bring back my Bonnie to me.
Bring back, bring back,
bring back my Bonnie to me, to me,
Bring back, bring back,
Oh, bring back my Bonnie to me.

2. Last night as I lay on my pillow,
Last night as I lay on my bed,
Last night as I lay on my pillow,
I dreamt that my Bonnie was dead.
Bring back, …

3. Oh blow, ye winds, over the ocean,
And blow, ye winds, over the sea;
Oh blow ye winds, over the ocean,
And bring back my Bonnie to me.
Bring back, …

4. The winds have blown over the ocean,
The winds have blown over the sea;
The winds have blown over the ocean,
And bro't back my Bonnie to me.
Bring back, …

Text und Melodie: volkstümlich, aus Schottland.

My Darling Clementine

1. In a cavern in a canyon,
   Excavating for a mine,
   Lived a miner fortyniner,
   And his daughter, Clementine.
     Oh my darling, oh my darling,
     Oh my darling Clementine!
     You are lost and gone forever,
     Dreadful sorry, Clementine.

2. Light she was and like a fairy,
And her shoes were number nine,
Herring boxes without topses,
Sandals were for Clementine.
   Oh my darling, …

3. Drove she ducklings to the water,
Ev'ry morning just at nine,
Hit her foot against a splinter,
Fell into the foaming brine.
   Oh my darling, …

4. Ruby lips above the water,
Blowing bubbles soft and fine,
But, alas, I was no swimmer,
So I lost my Clementine.
   Oh my darling, …

5. Then the miner, forty-niner,
Soon began to peak and pine,
Thought he oughter jine his daughter,
Now he's with his Clementine.
   Oh my darling, …

6. In my dreams she still doth haunt me,
Robed in garments soaked in brine,
Though in life I used to hug her,
Now she's dead, I draw the line.
   Oh my darling, …

7. There's a churchyard on the hillside,
Where the flowers grow and twine,
There grow roses, 'mongst the posies,
Fertilized by Clementine.
   Oh my darling, …

Text und Melodie: volkstümlich,
aus den Vereinigten Staaten.

Nine Hundred Miles

1. I'm a-ridin' on the train,
   I've got tears in my eyes
   Try'n to read a letter from my home,
   If that train runs me right,
   I'll be home Saturday night,
   'cause I'm nine hundred miles from home.
   Chorus: And I hate to hear that lonesome whistle blow
   It's that long lonesome train a-whistlin' down.

2. Well this train I ride on
Is a hundred coaches long,
You can hear the whistle blow a hundred miles
And the lonesome whistle call
Is mournfullest of all,
'Cause it's nine hundred miles from my home.
Chorus: And I hate to hear …

3. Well, I'll pawn you my watch
And I pawn you my chain,
I'll pawn you my gold diamond ring,
For if this train runs me right,
I'll be home Saturday night,
'Cause I'm nine hundred miles from my home.
Chorus: And I hate to hear …

4. If my woman says so
I'll railroad no more.
I'll sidetrack this wheeler and go home.
If this train runs me right
I'll be home Saturday night
'Cause I'm nine hundred miles from my home.
Chorus: And I hate to hear …

Text und Melodie: volkstümlich, aus den Vereinigten Staaten.

On the Top of Old Smokey

2. For courting is pleasure,
   But parting is grief,
   For a false-hearted lover,
   Is worse than a thief.

3. A thief will just rob you,
   And take all you have.
   But a false-hearted lover,
   Will lead you to the grave.

4. The grave will decay you,
   And turn you to dust.
   There's not one man in a hundred
   That a poor girl can trust.

5. They'll hug you and kiss you,
   And tell you more lies,
   Than the fish in the ocean,
   And the stars in the skies.

Text und Melodie: volkstümlich, aus den Vereinigten Staaten.

Pretty Polly

1. I courted pretty Polly the livelong night
   I courted pretty Polly the livelong night,
   I left her next morning before it was light.

2. Oh, Polly, pretty Polly, come and go along with me
   Oh, Polly, pretty Polly, come and go along with me
   Before we get married, some pleasure to see.

3. Oh, Willie, Oh sweet Willie, I'm afraid of your ways
   Oh, Willie, Oh sweet Willie, I'm afraid of your ways,
   I'm afraid you will leave my poor body astray.

4. She mounted behind him and away they did go,
   She mounted behind him and away they did go,
   Over the mountain and valleys so low.

5. They rode a little bit further, and what did they spy,
   They rode a little bit further, and what did they spy,
   But a new-dug grave and a spade lying by.

6. Oh, Polly, pretty Polly, you're guessing just right,
Oh, Polly, pretty Polly, you're guessing just right,
I worked on your grave better part of last night.

7. Then from pretty Polly the tears began to swell,
Then from pretty Polly the tears began to swell.
»Have pity on me and your infant as well.«

8. He stabbed his knife into her, her life's blood did flow,
He stabbed his knife into her, her life's blood did flow,
And away from pretty Polly sweet William did go.

9. The birds in the bushes, their heads upon their side,
The birds in the bushes, their heads upon their side,
Did one to another their sad tale confide.

Text und Melodie: volkstümlich, aus den Vereinigten Staaten.

Rolling Home (I)

1. Up a loft, amid the rigging
Swiftly blows the fav'ring gale,
Strong as springtime in it's blossom,
Filling out each bending sail,
And the waves we leave behind us
Seem to murmur as they rise:
We have tarried here to bear you
To the land you dearly prize.
Chorus: Rolling home, rolling home,
rolling home across the sea,
rolling home to dear old England,
rolling home, dear land, to thee.

2. Now, it takes all hands to man the capstan*,
Mister, see your cables clear!
Soon you'll be sailing homeward bound, sir,
And for the channel you will steer.
See your sheets and crewlines free, sir,
All your buntlines overhauled;
Are the sheerpoles and gear all ready?
Soon for New England we will steer.
Chorus: Rolling home, …

3. Full ten thousand miles behind us,
And a thousand miles before,
Ancient ocean waves to waft us
To the wellremembered shore.
Newborn breezes swell to send us
To our childhood welcome skies,
To the glow of friendly faces
And the glance of loving eyes.
Chorus: Rolling home, …

* Capstan = Ankerwinde

Shanty; Text und Melodie: volkstümlich.

Rolling Home (II)

1. Up a loft, amid the rigging
Swiftly blows the fav'ring gale,
Strong as springtime in it's blossom,
Filling out each bending sail,
And the waves we leave behind us
Seem to murmur as they rise:
We have tarried here to bear you
To the land you dearly prize.
Chorus: Rolling home, rolling home,
rolling home across the sea,
rolling home to dear old England,
rolling home, dear land, to thee.

2. Now, it takes all hands to man the capstan*,
Mister, see your cables clear!
Soon you'll be sailing homeward bound, sir,
And for the channel you will steer.
See your sheets and crewlines free, sir,
All your buntlines overhauled;
Are the sheerpoles and gear all ready?
Soon for New England we will steer.
Chorus: Rolling home, …

3. Full ten thousand miles behind us,
And a thousand miles before,
Ancient ocean waves to waft us
To the wellremembered shore.
Newborn breezes swell to send us
To our childhood welcome skies,
To the glow of friendly faces
And the glance of loving eyes.
Chorus: Rolling home, …

* Capstan = Ankerwinde

Shanty; Text und Melodie: volkstümlich.

Sacramento

1. Sing and heave, and heave and sing,
   doo da, doo da.
   Heave and make the hand spikes ring,
   hoo, doo da day.
   Chorus: Then blow the winds, hi ho,
   for Californio,
   for there's plenty of gold,
   so I've been told,
   on the banks of Sacramento.

2. Round Cape Horn in the months of snow,
If we get there no one knows.
Chorus: Then blow the winds, ...

3. A bully ship and a bully crew,
A bully mate and a captain too.
Chorus: Then blow the winds, ...

4. From Limehouse Docks to Sidney Head
Was never more than seventy days.
Chorus: Then blow the winds, ...

5. We cracked it on, a big skiute,
And the old man felt like a swell galoot.
Chorus: Then blow the winds, ...

Text und Melodie: volkstümlich; dieses Shanty geht zurück auf Stephan Forsters »The Camptown Races«.

Sailing, Sailing

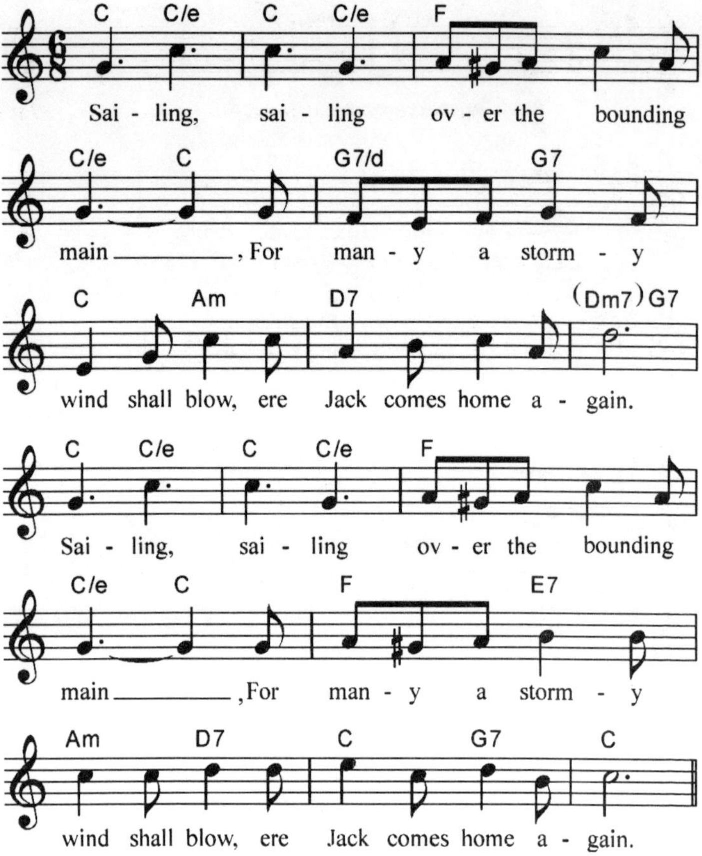

Sailing, sailing over the bounding main,
For many a stormy wind shall blow,
Ere Jack comes home again.
Sailing, sailing over the bounding main,
For many a stormy wind shall blow,
Ere Jack comes home again.

Shanty; Text und Melodie: volkstümlich.

Santa Lucia

1. Sul mare luccica l'astro d'argento,
placida è l'onda; prospero è il vento,
venite all' agile barchetta mia.
Santa Lucia! Santa Lucia!

2. Con questo zeffiro cosi soave
oh! còm' è bello star su la nave!
Su passaggieri, venite via!
Santa Lucia! …

3. O dolce Napoli, o suol beato,
ove sorridere volle il creato,
tu sei l'impero dell' armonia!
Santa Lucia! …

Text und Melodie: volkstümlich, aus Süditalien.

Schlaf, mein Liebling

(Baijuschki baiju)

1. Schlaf', mein Liebling, bis zum Morgen,
   bajuschki, baju.
   Ich will dir noch ein Schlafliedchen singen,
   mach nun deine Äuglein zu.

2. Träum, mein Liebling, von den Blumen,
   bajuschki, baju,
   wenn der Nachtwind sie streichelt,
   dann schließen alle ihre Blüten zu.

3. Und die Sternlein steh'n am Himmel,
   bajuschki, baju,
   wenn die Blumen am Morgen erwachen,
   gehen alle Sternlein zur Ruh.

4. Und die Vögelein im Walde,
bajuschki, baju,
schlafen in ihren warmen Nestchen,
schlaf, mein Liebling, schlaf auch du.

5. Schlaf, mein Liebling, bis zum Morgen,
bajuschki, baju.
Ich bleib bei dir und werde dich wiegen,
laß nun deine Äugelein zu.

Text und Melodie: volkstümlich, aus Rußland;
deutsche Nachdichtung von Lilian Klawitter.

She'll be Comin' Round the Mountain

1. She'll be comin' round the mountain
   When she comes,
   She'll be comin' round the mountain
   When she comes,
   She'll be comin' round the mountain,
   She'll be comin' round the mountain,
   She'll be comin' round the mountain
   When she comes.

2. She'll be drivin' six white horses
   When she comes ...

3. We will all go out to meet her
   When she comes ...

4. We will have chicken an' dumplin's
When she comes ...

5. She'll be reelin' an' a-rockin'
When she comes ...

6. We'll shout glory hallelujah
When she comes ...

Text und Melodie: volkstümlich, aus den Vereinigten Staaten.

Shenandoah

1. The old Mizzoo's a mighty river,
   Way, hey, you rolling river!
   The Indians camp along her border.
   Way, hey, we're bound away
   'Cross the wide Missouri.

2. The white man loved an Indian maiden.
   Way, hey, you rolling river!
   With notions his canoe was laden.
   Way, hey, we're bound away
   'Cross the wide Missouri.

3. Oh, Shenandoah, I love your daughter,
Wey, hey, you rolling river!
I'll take her 'cross your rolling water.
Way, hey, we're bound away
'Cross the wide Missouri.

4. The Chief disdained the trader's dollars.
Way, hey, you rolling river!
My daughter you shall never follow.
Way, hey, we're bound away
'Cross the wide Missouri.

5. At last there came a Yankee skipper.
Way, hey, you rolling river!
He winked his eye and he tipped his flipper.
Way, hey, we're bound away
'Cross the wide Missouri.

6. He sold the Chief that firewater.
Way, hey, you rolling river!
And 'cross that river he stole his daughter.
Way, hey, we're bound away
'Cross the wide Missouri.

7. Fare well, I'm bound to leave you.
Way, hey, you rolling river!
Oh Shenandoah, I'll not deceive you.
Way, hey, we're bound away
'Cross the wide Missouri.

Shanty; Text und Melodie: volkstümlich.

Skip to my Lou

2. 𝄆 Flies in the buttermilk, shoo fly, shoo! 𝄇
Skip to my Lou, my darlin'.

3. 𝄆 Lost my partner, what shall I do? 𝄇
Skip to my Lou, my darlin'.

4. 𝄆 Find you another, prettier too. 𝄇
Skip to my Lou, my darlin'.

Text und Melodie: volkstümlich, aus den Vereinigten Staaten.

Sloop John B.

1. We come on the sloop »John B.«,
My grandfather and me.
'Round Nassau town we did roam.
Drinking all night we got into a fight.
I feel so breakup, I want to go home.

2. So hoist up the »John B.'s« sails.
See how the mainsail sets.
Send for the captain aboard.
Let me go home, let me go home;
I feel so break-up, I want to go home.

3. The first mate, oh, he got drunk,
Broke up the people's trunk;
Constable had to come and take him away.
Sheriff Jonstone please leave me alone –
I feel so break-up, I want to go home.

4. The poor cook, oh, he got fits,
Ate up all of the grits;
Then he took and threw away all of his corn,
Sheriff Johnstone please leave me alone –
This is the worst trip I ever been on.

Shanty; Text und Melodie: volkstümlich.

Song of the Fishes

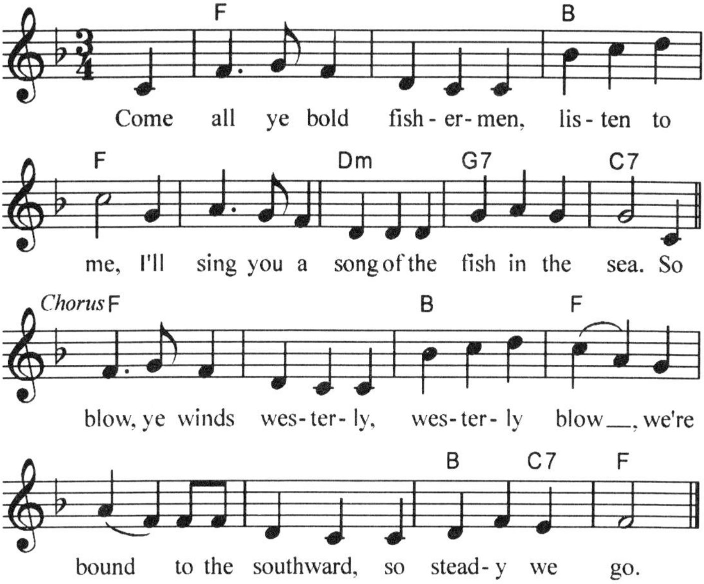

1. Come all ye bold fisherman, listen to me,
   I'll sing you a song of the fish in the sea.
   Chorus: So blow, ye winds westerly, westerly blow,
   We're bound to the southward, so steady we go.

2. First comes the blue fish a-wagging his tail,
   He comes up on deck and yells: »All hands make sail!«
   Chorus: So blow, ye winds …

3. Next come the eels with their nimble tails,
   They jumped up aloft and loosed all the sails.
   Chorus: So blow, ye winds …

4. Next come the herrings with their little tails,
   They manned sheets and halyards and set all the sails.
   Chorus: So blow, ye winds …

5. Next comes the porpoise with his short snout,
   He jumps on the bridge and yells: »Ready, about!«
   Chorus: So blow, ye winds …

6. Next comes the swordfish, the scourge of the sea,
The order he gives is: »Helm's a-lee!«
Chorus: So blow, ye winds …

7. Then comes the turbot, as red as a beet,
He shouts from the bridge: »Stick out that foresheet!«
Chorus: So blow, ye winds …

8. Having accomplished these wonderful feats,
The blackfish sings out next to: »Rise tacks and sheets!«
Chorus: So blow, ye winds …

9. Next comes the whale, the largest of all,
Singing out from the bridge: »Haul taut, mainsail, haul!«
Chorus: So blow, ye winds …

10. Then comes the mackerel with his striped back,
He flopped on the bridge and yelled: »Board the main tack!«
Chorus: So blow, ye winds …

11. Next comes the sprat, the smallest of all,
he sings out: »Haul well taut, let go and haul!«
Chorus: So blow, ye winds ...

12. Then comes the catfish with his chucklehead,
Out in the main chains for a heave to the lead.
Chorus: So blow, ye winds …

13. Along comes the dolphin, flapping his tail,
He yelled to the boatswain to reef the foresail.
Chorus: So blow, ye winds …

14. Along came the shark with his three rows of teeth,
He flops on the foreyard and take a snug reef.
Chorus: So blow, ye winds …

15. Up jumps the fisherman, stalwart and grim,
And with his big net he scoops them all in.
Chorus: So blow, ye winds …

Shanty; Text und Melodie: volkstümlich.

Sur le Pont d'Avignon

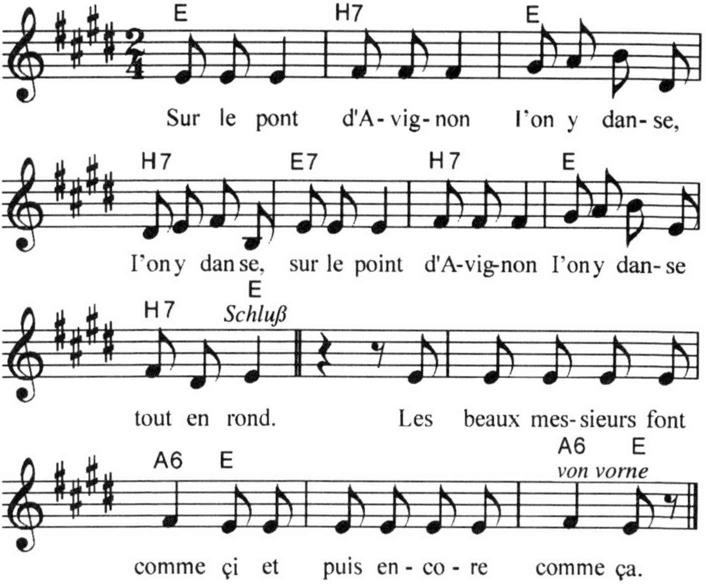

1. Sur le pont d'Avignon l'on y danse, l'on y danse,
   sur le pont d'Avignon l'on y danse tout en rond.
   Les beaux messieurs font comme çi et puis encore comme ça.

2. Les belles dam's font comme çi et puis encore comme ça.

3. Et les soldats font comme çi et puis encore comme ça.

4. Les cordonniers font comme çi et puis encore comme ça.

5. Les blanchisseurs font comme çi et puis encore comme ça.

6. Les musiciens font comme çi et puis encore comme ça.

Refrain: Auf der Brücke von Avignon
da tanzen die Leute, tanzen die Leut'.
Auf der Brücke von Avignon
tanzen die Leute im Kreis.

1. Die edlen Herren tanzen alle zusammen im Kreis.
2. Die schönen Damen tanzen alle zusammen im Kreis.
3. Und die Soldaten tanzen alle zusammen im Kreis.
4. Die Schuhmacher tanzen alle zusammen im Kreis.
5. Die Wäscherinnen tanzen alle zusammen im Kreis.
6. Die Musikanten tanzen alle zusammen im Kreis.

Text und Melodie: volkstümlich, aus Frankreich.

Tanz, tanz, dreh' dich im Kreis!

(Tancuj, tancuj, vykrucaj)

1. Tanz, tanz, dreh' dich im Kreis rum, im Kreis rum,
wirf dabei den Herd nicht, den Herd nicht um,
weil ich ihn noch gerne hätt', gerne hätt',
denn, ich hab' kein Federbett, Federbett.
Tra-la, la, la, …

2. Ein Soldat auf Wache geht, Wache geht,
im zeriss'nen Mantel steht, Mantel steht.
Und im fahlen Morgengrau, Morgengrau,
fällt auf ihn der kühle Tau, kühle Tau.
Tra-la, la, la, …

Text und Melodie: volkstümlich, aus der Slowakei;
deutsche Nachdichtung von Lilian Klawitter.

Tell Old Bill

1. Tell old Bill, when he comes home this morning,
   Tell old Bill, when he comes home, this evening,
   Tell old Bill, when he comes home
   To leave them down town gals alone
   This morning, this evening, so soon.

2. Old Sal was baking bread, this morning,
   Old Sal was baking bread, this evening,
   Old Sal was baking bread,
   When she found out her Bill was dead,
   This morning, this evening, so soon.

3. She said, »Oh, no, it can't be so, this morning«,
She said, »Oh, no, it can't be so, this evening«,
She said, »Oh, no, it can't be so
My Bill left here about an hour ago«,
This morning, this evening, so soon.

4. She said, »Oh, no, this can't be, this morning«,
She said, »Oh, no, this can't be, this evening«,
She said, »Oh, no, this can't be,
They killed my Bill in the third degree«,
This morning, this evening, so soon.

Text und Melodie: volkstümlich, aus den Vereinigten Staaten.

The Crocodile Song

1. Come, list ye, landsmen, all to me,
To tell the truth I'm bound.
What happened to me by going to the sea,
And the wonders that I found.
Shipwrecked I was one sappy rouse
And cast all on the shore,
So I resolved to take a trip
The country to explore.
Chorus: To my ri tooral looral lay,
to my ri tooral lay, to my ri tooral
liddle lo di fol, to my ri tooral lay.

2. Oh! I had not long walked about
When close alongside the ocean,
'Twas there I saw something move
Like all the earth in motion.
While steering close beside the thing,
I saw it was a crocodile,
From the end of his nose to the tip of his tail
He measured five hundred mile.
Chorus: To my ri ...

3. This crocodile, I could plainly see,
Was none of the common race,
For I had to climb a very tall tree
Before I could see his face.
Up above the wind was high,
It blew such a hard gale from the south
That I let go my hold, you see,
And fell into the crocodile's mouth.
Chorus: To my ri ...

4. He quickly closed his jaws on me,
He thought to nab a victim;
But I slipped down his throat, you see,
That's the way I tricked him.
Chorus: To my ri ...

5. I traveled on for a year or two,
Till I got into his maw,
And there were rum cakes not a few
And a thousand pullets in store.
Right then I banished all my cares,
For grub I was not stinted;
And in this crocodile I lived ten years,
Right very well contented.
Chorus: To my ri …

6. This crocodile being very old
At last at length he died,
He was six month in catching cold,
He was so long and wide.
His skin was ten mile thick, I think,
Or very near about;
For I was fully six months or so
I a-digging my way out.
Chorus: To my ri …

Text und Melodie: volkstümlich;
dieses Shanty geht auf eine alte irische Weise zurück.

The Drunken Sailor

2. Put him in the scuppers with the hose pipe on him!
Chorus

3. Hoist him aborad with a running bowline.
Chorus

4. Put him in the brig until he's sober.
Chorus

5. Make him turn to a shining bright work.
Chorus

Shanty; Text und Melodie: volkstümlich.

The Maid of Amsterdam

2. I took this fair maid for a walk,
Mark you what I do say;
I took this fair maid for a walk,
Mind what I do say;
I took this fair maid for a walk,
And we had such a loving talk;
I'll go no more a-roving with you, fair maid.
Chorus: A-roving, …

3. I took her hand within my own,
Mark you what I do say:
I took her hand within my own,
Mind what I do say;
I took her hand within my own,
And said »I'm bound to my old home;
I'll go no more a-roving with you, fair maid.«
Chorus: A-roving, …

4. Her eyes were blue, her cheeks were brown,
Mark you what I do say;
Her eyes were blue, her cheeks were brown,
Mind what I do say;
Her eyes were blue, her cheeks were brown,
Her hair in ringlets hanging down;
I'll go no more a-roving with you, fair maid.
Chorus: A-roving, …

5. I took her out and spent my pay,
Mark you what I do say;
I took her out and spent my pay,
Mind what I do say;
I took her out and spent my pay,
And then this maiden just faded away;
I'll go no more a-roving with you, fair maid.
Chorus: A-roving, …

Shanty; Text und Melodie: volkstümlich.

The Prettiest Girl I ever Saw

1. The prettiest girl (The prettiest girl)
   I ever saw, (I ever saw)
   Was sippin' cider through a straw,
   The prettiest girl I ever saw,
   Was sippin' cider through a straw.

2. I says to her (I says to her)
   What-cha doin' that for (what-cha doin' that for)
   Just sippin' cider through a straw?
   I says to her, what-cha doin' that for
   Just sippin' cider through a straw?

3. She says to me (She says to me)
Why didn't you know (Why didn't you know)
That sippin' cider's all I know?
She says to me, why didn't you know,
That sippin' cider's all I know?

4. Now forty-nine kids (Now forty-nine kids)
All call me Pa (All call me Pa),
From sippin' cider through a straw
Now forty-nine kids all call me Pa,
Form sippin' cider through a straw.

5. This is the end (This is the end),
There ain't no more (There ain't no more)
Of sippin' cider through a straw,
This is the end there ain't no more,
Of sippin' cider through a straw.

Text und Melodie: volkstümlich, aus den Vereinigten Staaten.

There was Blood on the Saddle

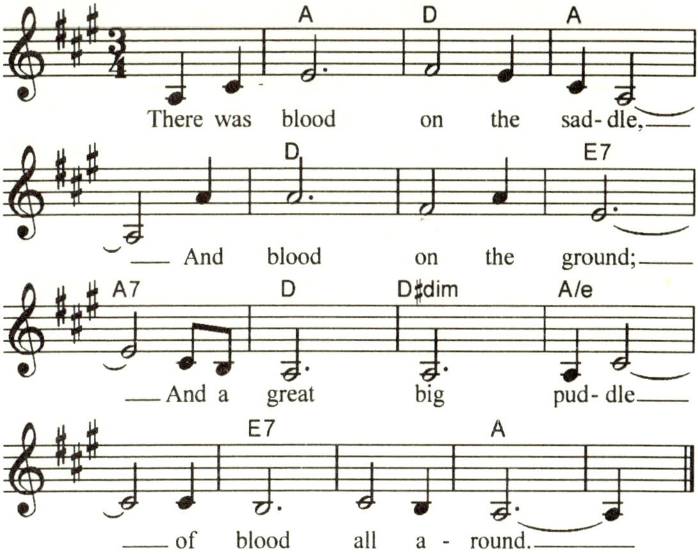

1. There was blood on the saddle,
   And blood on the ground;
   And a great big puddle
   Of blood all around.

2. The cowboy lay in it,
   All bloody and red;
   His horse fell on him,
   And bashed in his head.

3. Oh, pity the cowboy,
   All bloody with gore;
   He ain't gonna punch
   No cows anymore.

4. There was blood on the saddle,
   And blood on the ground;
   And a great big puddle
   Of blood all around.

Text und Melodie: volkstümlich, aus den Vereinigten Staaten.

Tom Dooley

Refrain
G
G
Hang down your head, Tom Doo - ley,
G
D7
Hang down your head and cry,
Hang down your head, Tom Doo - ley,
C
G
(Fine)
Verse
Poor boy, you're bound to die. 1. I
G
met her on the moun- tain tain And
D7
there I took her life, I
met her on the moun- tain And
C
G
D.c. al Fine
stabbed her with my knife.

Refrain: Hang down your head, Tom Dooley,
Hang down your head and cry,
Hang down your head, Tom Dooley,
Poor boy, you're bound to die.

1. I met her on the mountain
And there I took her life,
I met her on the mountain
And stabbed her with my knife.

2. This time tomorrow,
Reckon where I'll be?
If it hadn't been for Grayson,
I'd a-been in Tennessee.

3. This time tomorrow,
Reckon where I'll be?
Down in some lonesome valley
Hangin' from a white oak tree.

Text und Melodie: volkstümlich, aus den Vereinigten Staaten.

Two Maids Went Milking

1. Two maidens went milking one day.
   Two maidens went milking one day.
   And the wind it did blow high,
   And the wind it did blow low,
   And it tossed their pails to and fro,
   And it tossed their pails to and fro.

2. They met with a man they did know.
   They met with a men they did know.
   And they said, »Have you the will?«
   And they said, »Have you the skill
   For to catch us a small bird or two
   For to catch us a small bird or two?«

3. Here's a health to the blackbird in the bush
Likewise to the merry, merry doe.
If you will come along with me
Under yonder flowering tree,
I might catch you a small bird or two,
I might catch you a small bird or two.

4. So they went and they sat'neath a tree.
They went and they sat'neath two.
And the birds flew 'round about,
Pretty birds flew in and out,
And he caught them by one and by two,
And he caught them by one and by two.

5. Now my boys, let us drink down the sun,
My boys, let us drink down the moon.
Take your lady to the wood,
If you really think you should,
You might catch her a small bird or two,
You might catch her a small bird or two.

Text und Melodie: volkstümlich, aus den Vereinigten Staaten

The Whale

1. It was in the year of fortyfour,
   in March, the second day,
   that our gallant ship her anchors weighed,
   and for sea they bore away, brave boys,
   and for sea they bore away.

2. And when we came to far Greenland,
   To Greenland cold we came,
   Where there is frost and there is snow,
   And the mighty whalefishes blow, brave boys,
   And the mighty whalefishes blow.

3. Our bosun went to topmast high
With his spyglass in his hand.
»There's a whale! There's a whale
There's a whalefish«, he cried,
»And she blows at every span, brave boys,
And she blows at every span.«

4. Our captain stood on the quarterdeck,
And a brave little man was he,
»Overhaul, overhaul, on your davit tackles fall,
And launch your boats for sea, brave boys,
And launch your boats for sea.

5. We struck the whale, and away we went,
And he lashed out with his tail,
And we lost the boat and five good man,
And we never got that whale, brave boys,
And we ne'er did get that darn whale.

6. Oh, Greenland is an awful place
Where the daylight's seldom seen,
Where there is frost and there is snow,
And the mighty whalefishes blow, brave boys,
And the mighty whalefishes blow.

Shanty; Text und Melodie: volkstümlich.

Heimweh nach der Ukraine

2. Nie, nie, niemals wieder
höre ich die alten Lieder,
die in meiner Heimat klangen,
als die Burschen und die Mädchen sangen.
Refrain: Hei, hei, hei, mein Falke, ...

3. Tief, tief in meiner Kehle,
sitzt ein Schrei aus meiner Seele:
»Wenn ich einmal sterben werde,
legt mich bitte in die Heimaterde!«
Refrain: Hei, hei, hei, mein Falke, ...

Text und Melodie: volkstümlich, aus Polen;
deutsche Nachdichtung von Lilan Klawitter.

When Johnny Comes Marching Home

1. When Johnny comes marching home again,
   Hurrah, hurrah!
   We'll give him a hearty welcome then,
   Hurrah, hurrah!
   The men will cheer, the boys will shout,
   The ladies they will all turn out,
   And we'll all feel gay when Johnny comes marching home.

2. The old church bell will peal with joy,
Hurrah, hurrah!
To welcome home our darling boy,
Hurrah, hurrah!
The village lads and lassies say,
With roses they will strew the way,
And we'll all feel gay when Johnny comes marching home.

3. Get ready for the jubilee,
Hurrah, hurrah!
We'll give the hero three times three,
Hurrah, hurrah!
The laurel wreath is ready now,
To place upon his loyal brow,
And we'll all feel gay when Johnny comes marching home.

Text und Melodie: volkstümlich, aus den Vereinigten Staaten.

Wildwood Flower

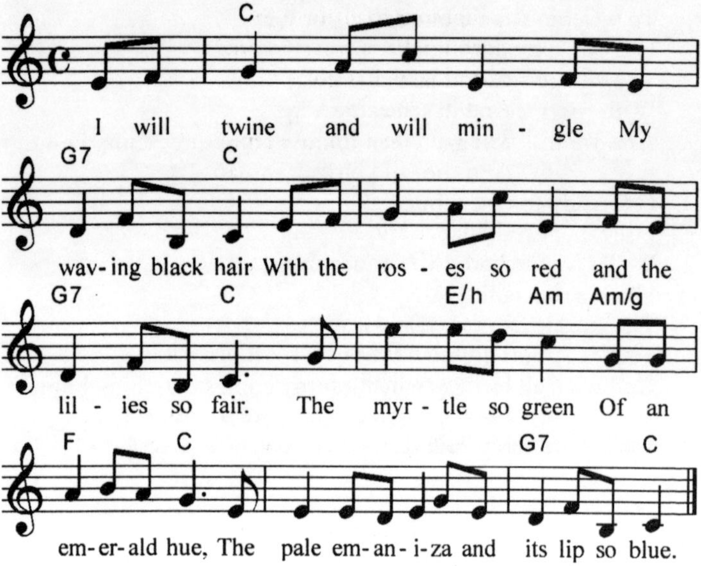

1. I will twine and will mingle
   My waving black hair
   With roses so red
   and the lilies so fair.
   The myrtle so green
   Of an emerald hue,
   The pale emaniza
   and its lip so blue.

2. Oh, he promised to love me,
   He promised to love,
   To cherish me always
   All others above.
   I woke from my dream
   And my idol was clay,
   My passion for loving
   Had vanished away.

3. Oh, he taught me to love him,
He called me his flower,
A blossom to cheer him
Through life's weary hour.
But now he has gone
And left me alone,
The wild flowers to weep
And the wild birds to moan.

4. I'll dance and I'll sing
And my life shall be gay,
I'll charm every heart
In the crowd I survey;
Though my heart now is breaking,
He never shall know
How his name makes me tremble,
My pale cheeks to glow.

5. I'll dance and I'll sing
And my heart will be gay,
I'll banish this weeping,
Drive troubles away,
I'll live yet to see him
Regret this dark hour,
When he won and neglected
This frail wildwood flower.

Traditional

Volkslieder aus England, Irland und Schottland

Drink to me only with thine Eyes

2. I sent thee, late, a rosy wreath,
Not so much honouring thee,
As giving it a hope, that there
It could not withered be:
But thou thereon didst only breathe,
And sent'st it back to me;
Since when it grows, and smells, I swear,
Not of itself, but thee!

Text und Melodie: volkstümlich, aus England.

Arthur Mac Bride

1. I had a first cousin call'd Arthur Mac Bride,
He and I took a stroll down by the seaside
A-seeking good fortune and what would betide,
'Twas just as the morning was dawning.
Then after resting we both took a tramp,
We met sergeant Harper and Corporal Cramp,
Besides the wee drummer that beat up for camp,
With his Rowdodowdow in the morning.

2. He says: »My good fellows, if you will enlist,
Ten guineas in gold you shall have in your fist,
Besides a crown to kick up the dust
And drink the king's health in the morning.«
»If we'd been such fools as to take the advance,
The wee a bit more we had to run chance;
For you think it no scruple so send us to France,
Where we would be shot in the morning.«

3. He says: »My good fellows, if I hear but one word,
I instantly now will out with my sword,
And into your body as strength will afford,
So now, my gay fellow, take warning!«
But Arthur and I we took the odds,
We gave them no time for to launch out their swords;
With a spring o shillelag we paid them with blows
And paid them right smart in the morning.

Text und Melodie: volkstümlich, aus Irland;
nach P. W. Joyce, *Old Irish Folk Music and Songs,* Dublin 1909.

Auld Lang Syne

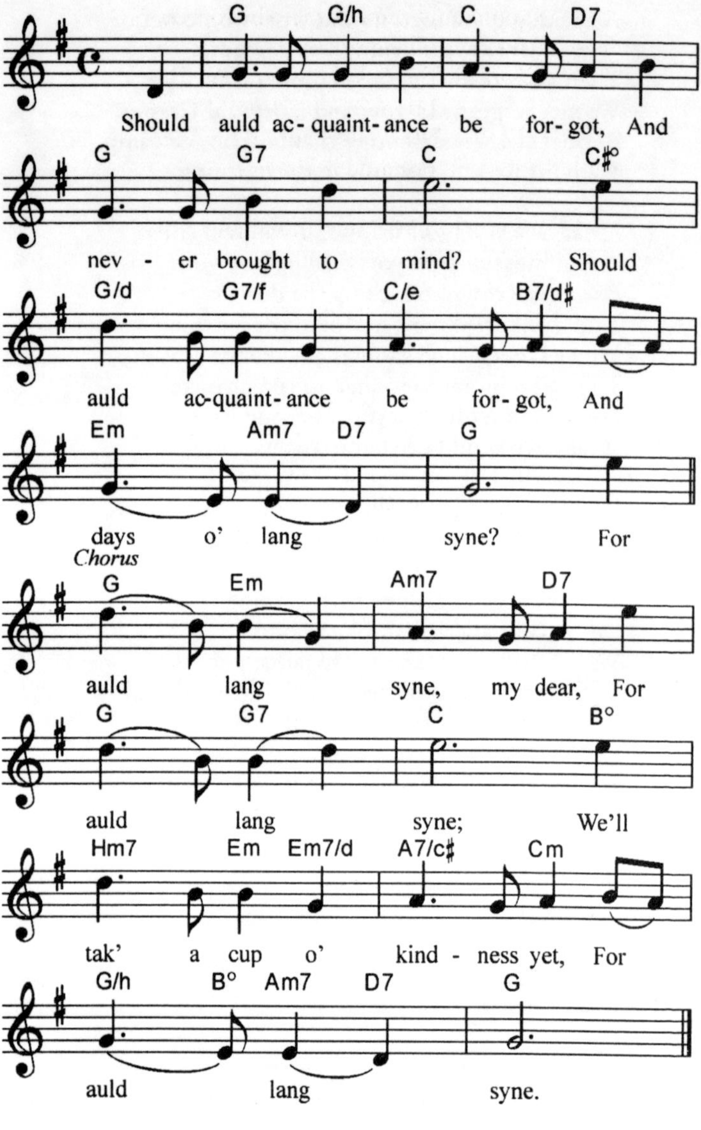

1. Should auld acquaintance be forgot,
And never brought to mind?
Should auld acquaintance be forgot,
And days o'lang syne?
Chorus: For auld lang syne, my dear,
For auld lang syne;
We'll tak' a cup o' kindness yet,
For auld lang syne.

2. We twa ha'e run about the braes,
And pu'd the gowans fine;
But we've wander'd mony a weary foot
Sin' auld lang syne.
Chorus: For auld lang syne, …

3. We twa ha'e paidl't i' the burn,
From mornin' sun till dine;
But seas between us braid ha'e roar'd
Sin' auld lang syne.
Chorus: For auld lang syne, …

4. And there's a hand, my trusty frien',
And gie's a hand o'thine;
And we'll tak' a right gude willy-waugh
For auld lang syne.
Chorus: For auld lang syne, …

5. And surely ye'll be your pint stoup,
And surely I'll be mine!
And we'll tak' a cup o'kindness yet,
For auld lang syne.
Chorus: For auld lang syne, …

Text und Melodie: volkstümlich, aus Schottland;
nach »*Lyric Gems of Scotland*«, London/Glasgow o. J. (ca. 1900).

Barbara Ellen

1. In Scotland I was born and bred,
In Scotland is my dwelling
A young man on his deathbed lay
For the love of Barb'ra Ellen.

2. She went to his bedside and said:
I think you're dying surely.
A dying man! pray don't say so,
One kiss of yours will cure me.

3. O cross, my Love, to the window light,
And see the tears come wellin';
The tears I cannot choose but shed,
For love of Barb'ra Ellen.

4. As I was going across the fields,
I heard some bells a-tellin',
And as they rung I seem they said,
Hard hearted Barb'ra Ellen.

5. Hard hearted girl I must have been,
To the lad that loves me nearly;
I wish I had my time again,
I'd love that young man dearly.

6. As I was going through the street,
I saw some corpse a-coming:
You corpse of clay lay down, I pray
That I may gaze all on thee.

7. The more she looked the more she laughed
Until she burst out laughing;
Till all her friends cried out: For shame!
Hard hearted Barb'ra Ellen.

8. So she went home: Dear mother, she says,
O make my bed, dear mother,
My young man died on one good day,
And I shall die on another.

9. You make my bed, dear Mother, she said,
You make it long and narrow,
My young man died for love, she cried,
And I shall die for sorrow.

10. They both were buried in one churchyard,
They both lay in one squiar,
And out of her sprung a red rosebud,
And out of him sweet briar.

11. Then they grow up to the high church wall
Till they could grow no higher,
And back they returned in a true love's knot,
Red roses and sweet briar.

Text und Melodie: volkstümlich, aus England;
nach Cecil J. Sharp/Charles L. Marson, *Folk Songs from Somerset* (First series), London 1910.

Blow Away the Morning Dew

1. There was a farmer's son
   kept sheep all on the hill;
   And he walk'd out one May morning
   To see what he could kill.
      And sing blow away the morning dew
      The dew, and the dew.
      Blow away the morning dew,
      How sweet the winds do blow.

2. He looked high, he looked low,
He cast an underlook;
And there he saw a fair pretty maid
Beside the watery brook.
And sing …

3. Cast over me my mantle fair
And pin it over my gown;
And if you will, take hold of my hand,
And I will be your own.
And sing …

4. If you come down to my father's house,
Which is walled all around;
There you shall have a kiss from me,
And twenty thousand pound.
And sing …

5. He mounted on a milk-white steed,
And she upon another;
And then they rode along the lane,
Like sister and like brother.
And sing …

6. As they were riding on alone,
They saw some pooks of hay.
O is not this a very pretty place
For the girls and boys to play?
And sing …

7. But when they came to her father's gate
So nimble she popped in;
And said: There is a fool without
And here's the maid within.
And sing …

8. We have a flower in our garden,
We call it Marygold;
And if you will not when you may,
You shall not when you wolde.
And sing …

Text und Melodie: volkstümlich aus England;
nach Cecil J. Sharp/Charles L. Marson, »*Folk Songs from Somerset*« (First series), London 1910.

Bonnie Johnnie Lowrie

1. Of a' the lads in Tinwald toun,
The lovely fair, the black or broun,
There never was sae droll a loon
As bonnie Johnnie Lowrie.
    Terry owden dowden day,
    Terry owden dowden day,
    The queerest loon in laich or brae
    Is bonnie Johnnie Lowrie.

2. My dad a peck o' lint did sow,
I gaed to see how it did grow,
When wha come skipping owre the knowe,
But bonnie Johnnie Lowrie.
    Terry owden dowden day, ...

3. I wandred oot to weed the same,
My laddie ken'd I was frae hame;
To floow me he wasna lame,
My bonnie Johnnie Lowrie.
    Terry owden dowden day, ...

4. I took the flax unto the mill,
My jewel follow'd after still;
And coming hame I gat a gill
Frae bonnie Johnnie Lowrie.
    Terry owden dowden day, ...

5. When I gaed to the bar to shear,
Close at my heels I had my dear;
I in the kemp the gree did bear
Wi' bonnie Johnnie Lowrie.
    Terry owden dowden day, ...

6. And when I went to the Rood–fair,
I wat I didna want my share
O'a' the good things that was there,
Frae bonnie Johnnie Lowrie.
    Terry owden dowden day, ...

7. At last, a'e nicht, into the park,
I met with him when it was dark,
And, oh, the kissin' that I gat
Frae bonnie Johnnie Lowrie!
Terry owden dowden day, ...

8. But Johnnie's true; he did me wed;
Yestreen before the priest we gaed;
I carena noo for man or dad,
Sin' I hae Johnnie Lowrie.
Terry owden dowden day, ...

9. A fig, say I, for jacking gown,
Or priest or elder in the toun;
I'll tak' the warld, rough and roun',
Wi' bonnie Johnnie Lowrie.
Terry owden dowden day, ...

Text und Melodie: volkstümlich, aus Schottland;
nach Robert Ford, *Vagabond Songs and Ballads of Scotland,*
Paisley 1904.

Bushes and Briars

1. Through bushes and through briars,
   I lately took my way;
   All for to hear the small birds sing,
   And the lambs to skip and play.
   All for to hear the small birds sing,
   and the lambs to skip and play.

2. I overheard my own true love,
Her voice it was so clear,
»Long time I have been waiting
For the coming of my dear.
Long time I have been waiting
For the coming of my dear.«

3. Sometimes I am uneasy
And troubled in my mind,
Sometimes I think I'll go to my love
And tell to her my mind.
Sometimes I think I'll go to my love
And tell to her my mind.

4. And if I should to go to my love,
My love she will say nay.
If I show to her my boldness
She'll ne'ver love me again.
If I show to her my boldness
She'll ne'er love me again.

Text und Melodie: volkstümlich, aus England; nach Cecil J. Sharp/Charles J. Marson, *Folk Songs of England II*, London 1908.

Early one Morning

1. Early one morning, just as the sun was rising,
   I heard a maid sing in the vallay below.
      »O don't deceive me, o never leave me,
      How could you use a poor maiden so?«

2. Remember the vows that you made to your Mary,
   remember the bow'r where you vow'd to be true.
      O don't deceive me, …

3. O gay is the garland and fresh are the roses
   I've cull'd from the garden to bind on thy brow.
      O don't deceive me, …

4. Thus sung the maiden, her sorrows bewailing,
   Thus sung poor maid in the valley below.
      O don't deceive me, …

Text und Melodie: volkstümlich, aus England.

Carrickfergus

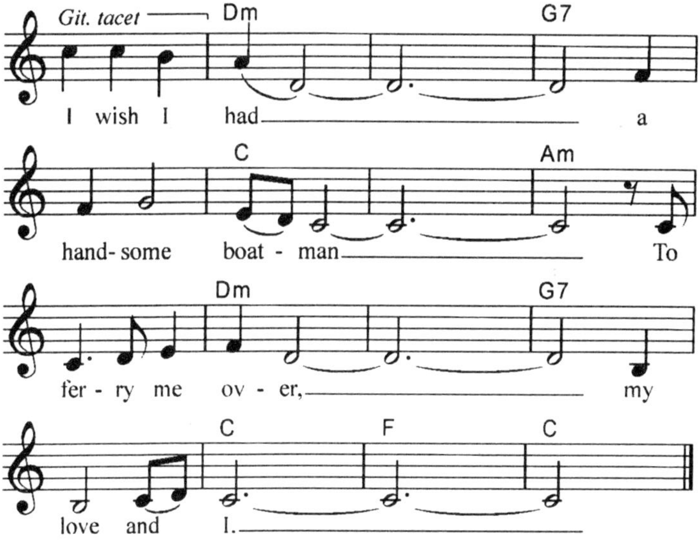

1. I wish I was in Carrickfergus
only for nights in Ballygrand
I would swim over the deepest ocean,
only for nights in Ballygrand.
But the sea is wide
And I cannot swim over,
And neither have I the wings to fly
I wish I had a handsome boatman
to ferry me over, my love and I.

2. Now in Kilkenny it is reported
On marblestones and as black as ink,
With gold and silver
I would support her,
But I'll sing no more now, 'til I get a drink.

3. 'Cause I am drunk today and I'm seldom sober,
A handsome rover from town to town.
Ah, but I'm sick now,
and my days are numbered.
Come all ye young men, and lay me down.

Carrickfergus = ein Ort in Nordirland, unweit Belfast.

Text und Melodie: volkstümlich, aus Irland.

Comin' thro' the Rye

1. Gin a body meet a body
   Comin' thro' the rye;
   Gin a body kiss a body,
   Need a body cry?
   Ilka lassie has her laddie,
   Nane, they say, ha'e I!
   Yet a' the lads they smile at me,
   When comin' thro' the rye.

2. Gin a body meet a body
Comin' frae the town;
Gin a body greet a body,
Need a body frown?
Ilka lassie has her laddie,
Nane, they say, ha'e I!
But a' the lads they lo'e me weel,
And what the waur am I?

3. Gin a body meet a body
Comin' frae the well;
Gin a body kiss a body,
Need a body tell?
Ilka lassie has her laddie
Ne'er a ane ha'e I;
But a' the lads they smile on me
When comin' through the rye.

4. Amang the train there is a swain
I dearly lo'e mysel';
But what his name, or where his hame,
I dinne care to tell.
Ilka lassie has her laddie,
Nane, they say, ha'e I,
Yet a' the lads they smile at me
When comin' through the rye.

Text: Robert Burns; Melodie: volkstümlich.
Nach *Lyric Gems of Scotland*, Glasgow o. J. (ca. 1900).

Death and the Lady

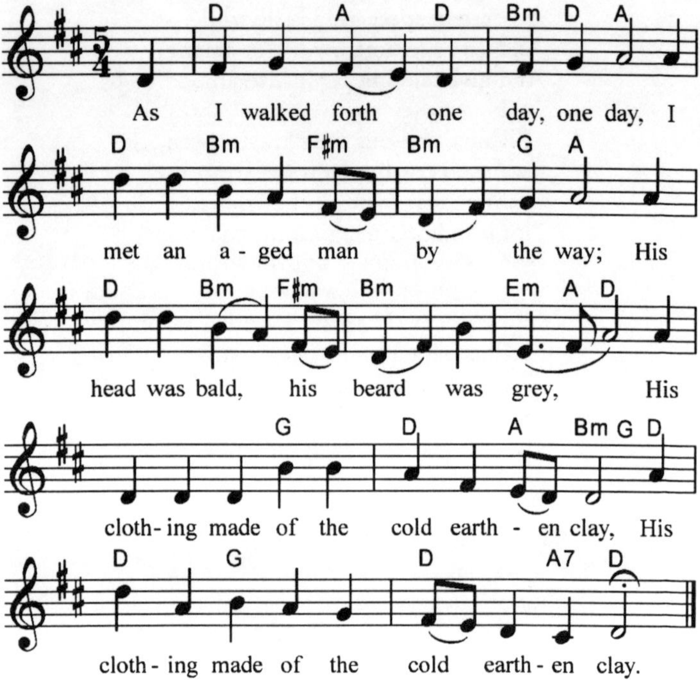

1. As I walked forth one day, one day,
   I met an aged man by the way;
   His head was bald, his beard was grey,
   His clothing made of the cold earthen clay,
   His clothing made of the cold earthen clay.

2. I said: »Old man, what man are you?
   What country do you belong unto?«
   »My name is Death; hast heard of me?
   And you, fair maid, must come along with me.«

3. »I'll give you gold, I'll give you pearl,
I'll give you costly rich robes to wear,
If you will spare me a little while,
And give me time my life to amend,
And give me time my life to amend.«

4. »I'll have no gold, I'll have no pearl,
I want no costly rich robes to wear.
I cannot spare you a little while,
Nor give you time your life to amend,
Nor give you time your life to amend.«

5. In six months time this fair maid died.
Let this be put on my tomb-stone, she cried:
»Here lies a poor, distressed maid;
Just in her bloom she was snatched away.«
Her clothing made of the cold earthen clay.

Die Takte haben verschiedene Länge. Zähleinheit ist die Viertelnote (= konstanter Wert).

Text und Melodie: volkstümlich aus England; nach *Folk Songs from Somerset* (Fourth series), London 1911.

Dumb, Dumb, Dumb

1. There was a jolly blade*
   That married a country maid,
   And soon he conducted
   Her home, home, home;
   In ev'ry household art
   She was comfort to his heart:
   But alas, and alas,
   She was dumb, dumb, dumb.

2. She could brew and she could bake,
   She could wring, wash and shake,
   And keep her house clean
   With her broom, broom, broom;
   She could knit, card and spin,
   And do ev'ry thing;
   But what good was all that –
   She was dumb, dumb, dumb.

3. To the doctor then he went
With mournful discontent,
Saying, »Doctor, dear doctor,
I'm come, come come;
I'll pay you fifty pounds –
And that in pure gold –
If you make my wife speak,
That is dumb, dumb, dumb.«

4. To the doctor then she went
And he cut some little strings,
And gave her tongue liberty
To run, run, run:
Oh, 'twas like a silly brute then
Her husband she abused,
Saying, »You dog, I'll let you know
I'm not dumb, dumb, dumb.«

5. To the doctor then he went
With mournful discontent
Saying, »Doctor, dear doctor,
I'm come, come, come;
My wife is turned scold
and with her I cannot hold:
I'd give anything at all to have
her dumb, dumb, dumb!«

6. »I could freely undertake
for to make your wife speak,
Though that was not easily
done, done, done:
It's not in the power of man,
let him do what he can,
To make a scolding wife hold
her tongue, tongue, tongue.«

* blade = forscher Kerl

Text und Melodie: volkstümlich, aus Irland;
nach P. W. Joyce, *»Old Irish Folk Music and Songs«*, Dublin, 1909

För all dat un all dat

1. Is dar för ehrlich arm Lüü Grund
in d'Knee to gahn un all dat?
Süx sliem'rig Slaawen möögt wi nich.
Wi troot uns dat för all dat.
För all dat un all dat,
bi d'Knoijeree un all dat.
De Rang ov Stand is uns nix wert,
man'n Mann is'n Mann för all dat.

2. Wenn wi ok Huusmannsköst blots äät't,
gries Linnen draagt un all dat.
Laat d'Aap sien Sied, gääv Junkers Wien.
En Mann is'n Mann för all dat.
För all dat un all dat.
Hör Prahlen, Prunk un all dat.
Bi'n armen Mann findst d'Toverlaat.
He is dien Baas för all dat.

3. Ji seeght den Prahlhans, dissen Herrn:
stolzeert un glotzt un all dat,
un veel Lüü glöövt hüm elk een Woort.
En Aap blifft he bi all dat.
Bi all dat un all dat,
sien Ordensband un all dat.
En frejen Mann mit frejem Sinn
lacht minnachtig bi all dat.

4. En Prinz maakt sück en'n Panzerknecht,
Markie un Graf un all dat.
Well stolt blifft un is manns genoog,
blifft free van dit un all dat:
Van all dat un all dat,
van Adelsstolt un all dat,
denn fasten Sinn is allens wert,
tellt mehr as Rang un all dat.

5. Willt bäden, dat dat kamen mag,
as't kamen moot för all dat.
Denn sett't sück dör up d'ganze Eer:
de Sinn, uns Wert un all dat.
För all dat un all dat,
so kummt dat doch för all dat,
dat Minschen van de ganze Welt
ok Bröers weert för all dat.

Originalfassung:
Text: Robert Burns; Melodie: volkstümlich, aus Schottland;
nach »Lyric Gems of Scotland«, London/Glasgow o. J. (ca. 1900).
Plattdeutsche Fassung:
Text: Oswald Andrae; Melodie: bearbeitet von Helmut Debus.

Geordie

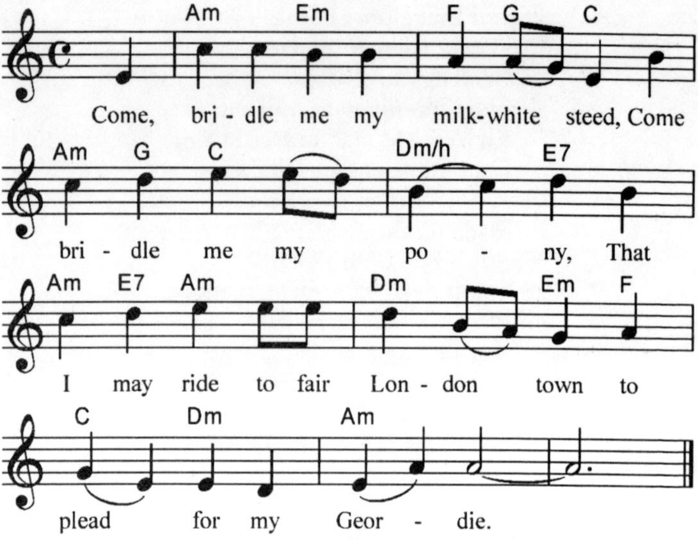

1. Come, bridle me my milkwhite steed,
   Come, bridle me my pony,
   That I may ride to fair London town
   to plead for my Geordie.

2. And when she entered in the hall
   There were lords and ladies plenty.
   Down on her knee she then did fall
   To plead for the life of Geordie.

3. Then Geordie looked round the court,
   And saw his dearest Polly;
   He said: »My dear, you've come too late,
   For I'm condemned already!«

4. Then the judge he looked down on him
   And said: »I'm sorry for thee.
   'Tis thine own confession hath hanged thee,
   May Lord have mercy upon thee.«

5. O, Geordie stole no cow nor calf
And he never murdered any,
But he stole sixteen of the King's white steeds
And sold them in Bohenny.

6. Let Geordie hang in golden chains,
His crimes were never many,
Because he came from the royal blood
And courted a virtuous lady.

7. I wish I was in yonder grove,
Where times I have been many,
With my broad sword and pistol too,
I'd fight for the life of Geordie.

Text und Melodie: volkstümlich, aus England; nach
Folk Songs of Somerset (First series), London 1910.

Green Grow the Rashes

1. There's nought but care on ev'ry han',
   In ev'ry hour that passes,
   O: What signifies the life of man.
   An' 'twere not for the lasses, o?
      Green grow the Rashes, O;
      Green grow the Rashes, O;
      The sweetest hours that e'er I spend,
      Are spent amang the lasses, O.

2. The warly race may riches chase,
An' riches still may sly them, O;
An' tho' at last they catch them fast,
Their hearts can ne'er enjoy them, O.
Green grow …

3. But gie me a canny hour at e'en,
My arms about my dearie, O;
An' warly cares, an' warly men,
May a'gae tapsalteerie, O!
Green grow …

4. For you sae douse? Ye sneer at this,
Ye're nought but senseless asses, O;
The wisest man the warl' saw,
He dearly lov'd the lasses, O.
Green grow …

5. Auld nature swears, the lovely dears
Her noblest work she classes, O;
Her prentice han' she try'd on man,
An' then she made the lasses, O.
Green grow …

Text und Melodie: volkstümlich, aus Schottland;
nach James Johnson, *The Scot's Musical Museum in six Volumes,*
Vol. I, Edinburgh 1788.

Greensleeves

1. Alas! my love, you do me wrong
To cast me off discourteously,
And I have loved you so long,
Delighting in your comp'ny.
Greensleeves was all my joy,
Greensleeves was my delight
Greensleeves my heart of gold,
And who but my Lady Greensleeves.

2. I have been ready at your hand
To grant whatever you would crave,
I have both waged life and land,
Your love and good will for to have.

3. I bought thee kerchers to thy head,
That were wrought fine and gallantly,
I kept thee both at board and bed,
Wich cost my purse well favouredly.

4. I bought thee petticoats of the best
The cloth so fine as might be;
I gave thee jewels for thy chest,
And all this cost I spent on thee.

5. Will I will pray to God on high
That thou my constancy mayst see,
And that yet once before I die,
Thou will vouch safe to love me.

6. Greensleeves, now farewell! adieu!
God I pray to prosper thee!
For I am still thy lover true,
Come once again and love me.

Text und Melodie: volkstümlich, aus England.

Handsome Sally

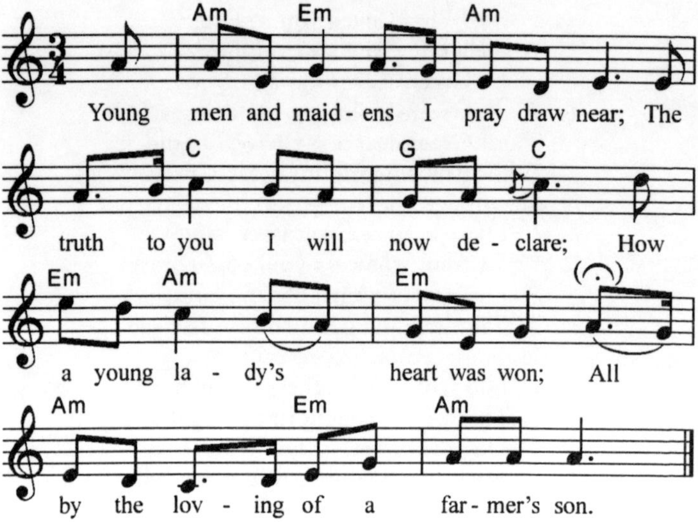

1. Young men and maidens I pray draw near;
The truth to you I will now declare;
How a young lady's heart was won;
All by the loving of a farmer's son.

2. As walked out through a silent grove,
Who should she met but her own true love:
»Kind sir«, she said, »upon my life,
I do intend to be your wife.«

3. »Now I have got a vast estate
My father left to me of late;
And heir of that then you shall be,
If you consent, love, and marry me.«

4. »O fairest creature, it cannot be,
That I should be wedded unto thee,
Since I am going for to be wed
To handsome Sally, your waiting maid.«

5. »If that be true that you tell to me,
A bitter pill I will prove to thee,
For shipping I'll take immediately,
And I'll sail with Sally to Floridee.«

6. As they were sailing upon the main*,
This wicked wretch contrived a scheme,
While handsome Sally lay fast asleep
She plunged her body into the deep.

7. When to the shore she did return,
Her wicked conscience did her burn,
And in her mind she could find no rest,
Until the truth she had confessed.

8. Hanged and burned then was she
For her sad crime and her cruelty;
So two fair maids were by love undone,
And in Bedlam lies the farmer's son.

* main = ocean = Weltmeer

Text und Melodie: volkstümlich, aus Irland;
nach P. W. Joyce, *»Old Irish Folk Music and Songs«*, Dublin 1909.

Hares on the Mountains

2. Young women they sing like birds in the bushes,
Young women they sing like birds in the bushes,
If I were but a young man, I'd go and bang those bushes,
To my right fol diddle dero, to my right fol diddle dee.

3. Young women they swim like ducks in the water,
Young women they swim like ducks in the water.
If I were but a young man, I'd go and swim after,
To my right fol diddle dero, to my right fol diddle dee.

Text und Melodie: volkstümlich, aus England; nach Cecil J. Sharp/
Charles L. Marson, *Folk Songs from Somerset* (First series), London 1910.

I'm a Poor Stranger and Far from my Own

2. And as I drew nigh her I made a low jee*;
I asked her for pardon for making so free;
My heart is relented to hear to her moan,
Saying »I'm a poor stranger and far from my own.«

3. I'll build my love a cottage at the end of this town,
Where lords, dukes, and earls shall not pull it down;
If the boys they should ask you what makes you live alone,
You can tell them you're a stranger and far from your own.

* jee = bow = Verbeugung

Text und Melodie: volkstümlich, aus Irland;
nach P. W. Joyce *»Old Irish Folk Music and Songs«*, Dublin 1909.

Henry Martin

1. There were three brothers in merry Scotland,
   In Scotland there liv'd brothers three;
   And lots they did cast which should rob on the sea,
   salt sea, salt sea.
   »For to maintain my two brothers and me«.

2. The lot it did fall upon Henry Martin,
   The youngest of all the three,
   All for to turn robber upon the salt sea,
   salt sea, salt sea.
   »For to maintain my two brothers and me.«

3. He had not been sailing but a long winter's night
And a part of a short winter's day,
Before he espied a lofty stout ship,
stout ship, stout ship,
Come a-bibbing down on him straight way.

4. How far are you bound for? cried Henry Martin;
O where you bound for? cried he.
I'm a rich merchant ship bound for merry England,
England, England,
Therefore I will you to let me pass free.

5. O no! O no! cried Henry Martin,
That thing it never could be;
For I've turned a robber all on the salt sea,
salt sea, salt sea,
For to maintain my two brothers and me.

6. Come lower your topsail and brail up your mizzen,
And bring your ship under my lee,
Or a full flowing ball I will fire at your tail,
your tail, your tail,
All your dear bodies drown in the salt sea.

7. With broadside and broadside and at it they went,
For fully two hours or three,
When Henry Martin gave to her the death shot,
death shot, death shot;
Heavily listing to starboard went she.

8. The rich merchant ship she was wonded full sore;
Right down to the bottom went she.
And Henry Martin sailed away on the sea,
salt sea, salt sea.
»For to maintain my two brothers and me.«

9. Bad news! Bad news! Unto fair London town,
Bad news I will tell unto thee.
They've robbed a rich vessel and she's cast away,
cast away, cast away;
All the bold sailors drowned in the salt sea.

Text und Melodie: volkstümlich aus England; nach Cecil J. Sharp/ Charles L. Marson, *Folk Songs from Somerset* (second series), London 1911.

Ilka Blade o' Grass

1. Confide ye aye in Providence,
For Providence is kind;
An' bear ye a' life's changes wi'
A calm an' tranquil mind,
Tho' pressed an' hemmed on ev'ry side,
Hae faith, an' ye'll win through,
For ilka blade o' grass keps
Its ain drap o' dew,
For ilka blade o' grass keps
Its ain drap o' dew.

2. Bereft frae friends, or cross'd in love,
As whiles nae doubt ye've been,
Grief lies deep hidden in your heart,
Or tears flow frae your een;
Believe it for the best, an' trow
There's gude in store for you,
For ilka blade o' grass keps
Its ain drap o' dew,
For ilka blade o' grass keps
Its ain drap o' dew.

3. In lang lang days o' simmer,
When the clear and cloudless sky
Refuses ae wee drap o' rain
To Nature parch'd and dry,
The genial night, wi' balmy breath,
Gars verdure spring anew,
An' ilka blade o' grass keps
Its ain drap o' dew.

4. So lest mid fortune's sunshine,
We should feel owre proud and hie,
An' in our pride forget to wipe
The tear frae puirtith's e'e,
Some wee dark clouds o' sorrow come,
We kenna whence or how,
But ilka blade o' grass keps
Its ain drap o' dew.

Text: James Ballantine; Melodie: volkstümlich, aus Schottland.
Nach *Lyric Gems of Scotland,* London/Glasgow o. J. (ca. 1900).

Lucy's Flittin'

1. 'Twas when the wan leaf frae the birk tree was fa'in',
And Martinmas dowie had wound up the year,
That Lucy row'd up her knee kist wi' her a' in't,
And left her auld master and neibours sae dear.
For Lucy has serv'd in the glen a' the simmer;
She cam' there before the flow'r bloom'd on the pea,
An orphan was she, an' they had been gude till her,
Sure that was the thing brought the tear to her e'e.

2. She gaed by the stable, where Jamie was stannin';
Right sair was his kind heart the flittin' to see,
»Fare ye well, Lucy«, quo' Jamie, an' ran in;
The gatherin' tears trickled fast frae his e'e.
As down the burnside she gaed slow wi' her flittin',
»Fare ye well, Lucy«, was ilka bird's sang;
She heard the craw sayin't high on the tree sittin',
An' robin was chirpin't the brown leaves amang.

3. O what is't that pits puir heart in a flutter?
An' what gars the tear come sae fast to my e'e?
If I was na ettled to onie better,
Then what gars me wish onie better to be?
I'm just like a lammie that loses its mither;
Nor mither nor frien' the puir lammie can see,
I fear I ha'e tint my bit heart a 'thegither,
Nae wonder the tear fa's sae fast frae my e'e.

4. Wi' the rest o' my claes I hae row'd up the ribbon,
The bonnie blue ribbon that Jamie ga'e me;
Yestreen when he ga'e me't, an' saw I was sabbin',
I'll never forget the wae blink o' his e'e:
Though now he said naething but »Fare ye well, Lucy«,
It made me I neither could speak, hear, nor see,
He cou'dna sae mair but just »Fare ye well, Lucy«,
Yet that I will mind till the day that I dee.

5. The lamb likes the gowan, wi' dew when it's droukit,
The hares likes the brake an' the braird on the lea;
But Lucy likes Jamie – she turn'd an' she lookit,
She thought the dear place she would never mair see.
Ah! weel may young Jamie gang dowie an' cheerless!
An' weel may he greet on the bank o' the burn!
His bonnie sweet Lucy, sae gentle an' peerless,
Lies cauld in her grave, an' will never return.

Text und Melodie: Laidlaw und James Hogg;
nach *Lyric Gems of Scotland,* London/Glasgow o. J. (ca. 1900).

Mossie and his Mare

1. O Mossie was a cunning man,
A little mare did buy;
For winkling and for jinkling
There were few could her come nigh;
She was as cunning as a fox,
As soople as a hare;
And I will tell you by and by
How Mossie catched his mare.
Sing, da di ump the da dee, Sing, da di ump the dey,
Sing, rum, tum, tum, tum, Da di ump the dey.

2. Mossie on a morning
   Gaed oot his mare to seek
And round about the frosty knowes
   Upon his knees did creep.
At length he found her in a ditch,
   And glad he got her there,
He flang the halter o'er her neck,
   And Mossie catched his mare.
Sing, da di ump ...

3. Now a' ye gilpy lasses,
   When e'er you courting go,
Ye may kiss and ye may cuddle,
   But beware when doing so,
For a dip into the honey-mug
   May lead you in a snare,
And the deil will catch ye mumpin'
   As Mossie catched his mare.
Sing, da di ump ...

4. And a' ye craftly ale wives,
   Wha use the false measure,
By cheating and dissembling
   To heapen up your treasure;
Your cheating and dissembling
   Will lead you in a snare,
And the deil may catch ye mumpin'
   As Mossie catched his mare.
Sing, da di ump ...

5. And a' ye lousy tailors,
   Wha cabbage aye the cloth,
Ye tak' a quarter frae the yard,
   I'm free to gie my oath;
But, if ye dinna mend your ways,
   Ye'll fa' into the snare,
And the deil will catch ye mumpin'
   As Mossie catched his mare.
Sing, da di ump ...

6. And a' ye pettyfoggers.
Wha plead your neighbours cause,
The puir ye often do oppress,
Though aye within the laws.
But when ye last expect it,
Ye'll hirsle to your share,
For the deil will catch ye mumpin'
As Mossie catched his mare.
Sing, da di ump …

7. Last, a' ye Whigs about the land,
Wha deny our lawfu' King,
May ye be gruppit ere ye wit,
And hung upon a string.
Lang be your corns and short your shoon,
And justive get her share,
And the deevil get ye by the neck,
As Mossie catched his mare.
Sing, da di ump ...

Text und Melodie: volkstümlich, aus Schottland;
nach Robert Ford, *Vagabond Songs and Ballads of Scotland,*
Paisley 1904.

O, where are you Going, my Pretty Fair Maid

»O, where are you going, my pretty fair maid,
So early? Come tell to me now.«
»I'll tell you the truth, kind Sir«, she said,
»I've lost my greyspotted cow.«

Text und Melodie: volkstümlich, aus Irland;
nach P. W. Joyce, *»Old Irish Folk Music and Songs«*, Dublin 1909.

Mowing the Barley

1. A Lawyer he went out one day,
Afor to take his pleasure,
And who should he spy but some fair pretty maid,
So handsome and so clever?
  Where are you going to, my pretty maid,
  Where are you going, my honey?
  Going over the hills, kind sir, she said,
  To my father a-mowing the barley.

2. The Lawyer, he went out next day,
A-thinking for to view her;
But she gave him the slip and away she went
All over the hills to her father.

3. This Lawyer had a useful nag,
And soon he overtook her,
He caught her around the middle so small,
And on the horse he placd her.

4. Hold up your cheeks my fair pretty maid,
Hold up your cheeks my honey,
That I may give you a fair pretty kiss,
And a handful of golden money.

5. O keep your gold and silver too,
And take it where you're going;
For there's many a rogue and scamp like you,
Has brought young girls to ruin.

6. Then the Lawyer told her a story bold,
As together they were going,
Till she quite forgot the barley field,
And left her father a-mowing.

7. And now she is the Lawyer's wife,
And dearly the Lawyer loves her,
They live in a happy content of life;
And well in a station above her.

Text und Melodie: volkstümlich, aus England;
nach Cecil J. Sharp/Charles L. Marson, *Folk Songs from Somerset* (First series), London 1910.

My Love has Forsaken me

1. My love has forsaken me,
   Know ye for why!
   Because he has flocks and herds,
   and none have I.
   Whether I get him,
   Whether I get him,
   Whether I get him or no,
   I care not three fardins
   Whether I get him or no.

2. But the rot may come amongst them,
   And they may all die;
   And then he'll be forsaken,
   Ay, as weel as I.
   Whether I get him, ...

3. Meeting is a pleasure,
And parting's a grief,
And an inconstant lover
Is worse than a thief.
    Whether I get him, ...

4. A thief will but rob me,
Take all that I have,
But an inconstant lover
Will bring me to my grave.
    Whether I get him, ...

5. The grave it will rot me,
And bring me to dust,
An inconstant lover
No woman should trust.
    Whether I get him, ...

Text und Melodie: volkstümlich, aus Schottland; nach James Johnson *The Scot's Musical Museum* (Volume II), Edinburgh 1788.

O, Willie's Fair, and Willie's Rare

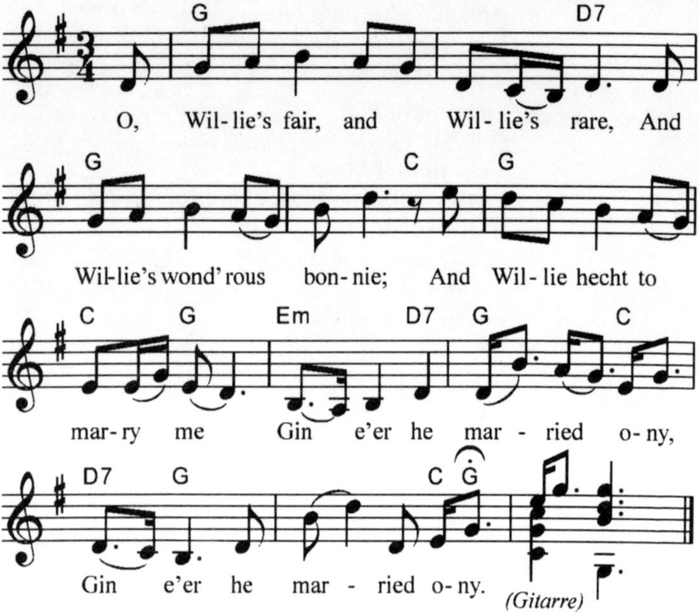

1. O, Willie's fair, and Willie's rare,
   And Willie's wond'rous bonnie;
   And Willie hecht to marry me
   ‖: Gin e'er he married ony, :‖

2. Yestreen I made my bed fu' braid,
   The night I'll mak' it narrow;
   For a' the livelang winter night
   ‖: I'll lie an' dream o' Yarrow, :‖

3. Ye southlan' winds, blaw to the north,
   Form where my love repaireth;
   Convey a kiss frae his dear mouth
   ‖: And tell me how he fareth, :‖

4. O! cam' ye by yon water sider?
Pu'd ye the rose or lillie?
Or cam' ye by yon meadow green?
𝄆 Or saw ye my sweet Willie? 𝄇

5. She sought him east, she sought him west,
She sought him braid and narrow;
Syne in the cliftin' o' a craig,
𝄆 She found him drowned in Yarrow. 𝄇

Text und Melodie: volkstümlich. Alte Ballade aus dem schottischen Grenzgebiet. Nach *Lyric Gems of Scotland,* London/Glasgow, o. J. (ca. 1900).

Pick me a Flower

langsamer
Dm Db
Soon comes the moon, with the
F Bm7
moon comes the whis-per of night. Lend an
Bb F
ear and you'll hear nat-ure
C7 Ebm F7
breathe in the stars' gen-tle light.
a tempo
Bb Eb Bb Eb
Moun-tains and val-leys, the sun and the sea,
Bb Eb C7 F7
ev'-ry-thing's per-fect, so why are-n't we?
Eb Bb Eb Bb
Why hate and fight? Why kick and shove?
Cm7 Dm Cm7 F7 Bb
Find us real peace, world, and teach us to love.

Pick me a flower
and sing me a song,
walk with the eastwind
and take me along.

Fell a young leaf,
touch an old tree,
walk through the heather
together with me.

Fetch me a handful
of dew from the ground.
Catch me the prettiest
color around.

See how the clouds
lazily pass '
let's climb a hill
and lie in the grass,

Soon comes the moon,
with the moon comes the whisper of the night.
Lend an ear
and you'll hear
nature breathe in the stars' gentle light.

Mountains and valleys,
the sun and the sea –
ev'rything's perfect,
so why aren't we?

Why hate and fight?
Why kick and shove?
Find us real peace, world,
and teach us to love!

Text und Melodie: Herbert Nelson.

The Ballad of Louis

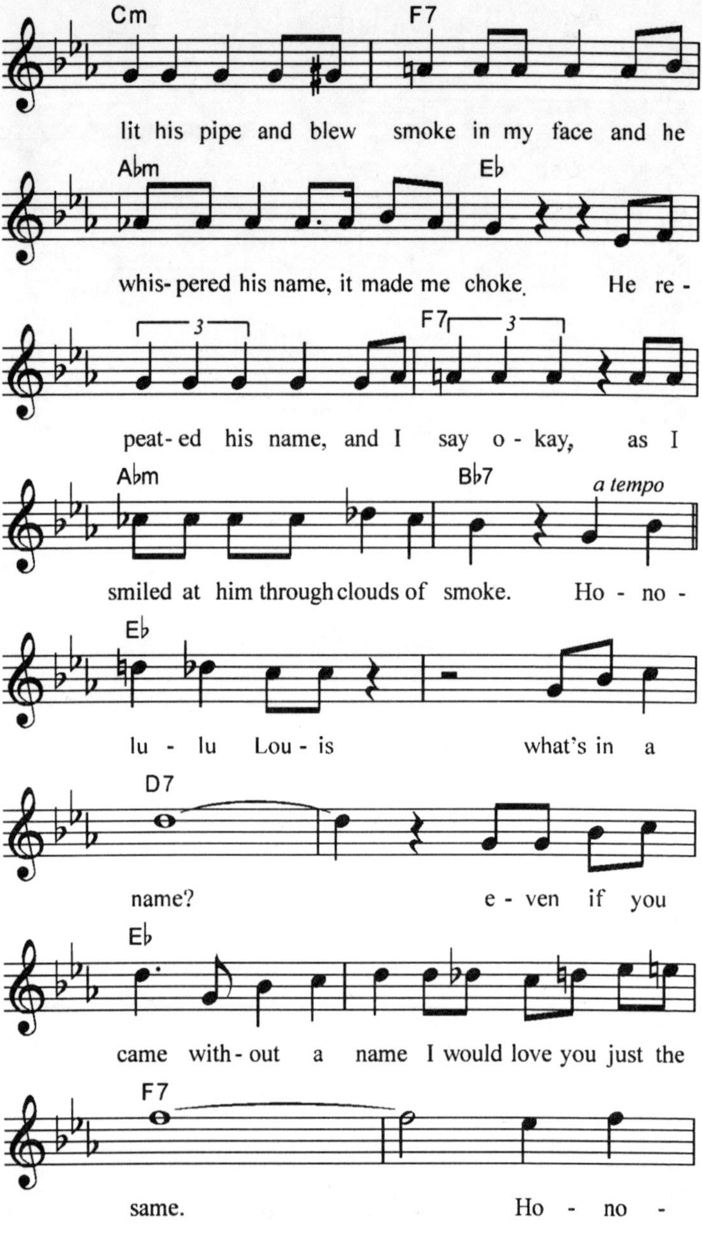
Cm F7
lit his pipe and blew smoke in my face and he
A♭m E♭
whis- pered his name, it made me choke. He re -
3 F7 3
peat- ed his name, and I say o - kay, as I
A♭m B♭7 a tempo
smiled at him through clouds of smoke. Ho - no -
E♭
lu - lu Lou - is what's in a
D7
name? e - ven if you
E♭
came with - out a name I would love you just the
F7
same. Ho - no -

I met him at a healthclub in Brooklyn.
He told me he came from Shanghai
via Java and the Virgin Islands;
he was my kind of guy.

He had one wife in Calcutta
and one in Washington, D. C.
He said he needed one in Brooklyn,
and the one in Brooklyn could be me.

Then he lit his pipe and blew smoke to my face
and he whispered his name, it made me choke.
He repeated his name, and I said okay,
as I smiled at him through clouds of smoke.

Honolulu Louis –
what's in a name?
even if you come
without a name,
I would love you just the same.
Honolulu Louis,
come – hit me – and then
just smoke your pipe
and whisper your name again.

He told me he was a sailor,
he told me he had been around
to Chile, Kamchatka and China
and to the Long Island Sound.

He once loved a lesbian in Lisbon
a prostitute in Zanzibar.
He raped a virgin in Hamburg
where not too many virgins are.

Only one place on Earth he's never been to;
You've never been to Honolulu, Lou?
He's never been able to make that claim.
Now I understand why he whispers his name.

Honolulu Louis –
what's in a name?
even if you came
without a name,
I would love you just the same.
Honolulu Louis,
You are such a brute!
You made me what I am today:
a wife of ill repute.

Text und Melodie: Herbert Nelson.

The Bonnie Wee Window

1. There was a young lass, and her name it was Nell,
   In a bonnie wee hoose wi' her grannie did dwell;
   The hoose it was wee, but the window was less,
   It had but four panes, and ane wanted gless.
   'Twas a bonnie wee window, a sweet little window,
   The bonniest wee window that ever ye saw.

2. For this broken pane they a purpose did fin',
To lat onything oot, or tak' onything in;
But to Nelly it served for a purpose maist dear,
For her lovers at night cam' a-courtin' her here,
At this bonnie wee window ...

3. It happened ae nicht grannie gaed to her bed,
That Johnnie, the brawest lad young Nelly had,
Cam' far o'er the hills his dear lassie to see,
And wi' high expectations there planted was he,
At this bonnie wee window ...

4. But the fond, youthfu' pair hadna got muckle said,
When grannie gried, »Nell, come away' to your bed!«
»I'm comin', dear grannie«, young Nelly did say;
»So fare-ye-weel, Johnnie, for I maur away
Fra this bonnie wee window ...

5. »Oh! Nelly, dear lass, dinna tak' it amiss,
But before ye gae 'wa' ye maun grant me a kiss«,
So aff gaed his bannet, but gudeness kens hoo
He manages sae quickly to get his head through
This bonnie wee window ...

6. A kiss Johnnie got, and sweet was the smack,
But for his dear life couldna get his head back.
He ruggit, he tuggit, he bawled, and he cursed,
Till Nell's sides wi' lauchin' were baith like to burst,
At his head in the window ...

7. Noo when the auld grannie did hear the uproar,
She rax'd for the poker, syne ran to the door,
And ower Johnnies back sic a thump she laid on,
Anither sic like would have cracked his backbone.
And his head in the window ...

8. A' burning wi' shame, and smarting wi' paine,
He ruggit and tuggit wi' micht and wi' main,
Till the jambs they gied way and the lintel did break,
Though still the best hauf o't stuck fast to his neck.
'Twas an awful wee window ...

9. As soon as the window in ruins did lie,
Auld grannie let out such a horrible cry,
It alarm'd a' the neighbours – lad, lass, man and wife,
And caused poor Johnnie to rin for his life,
Frae the bonnie wee window …

10. O'er hill and o'er dale he pursued his way hame,
Like a bear that was hunted, ne'er looking behin';
And the neighbours they follow'd wi' clamour and squeals,
While some of them hunted their dogs at his heels
'Twas a bonnie wee window …

11. When Johnnie got hame, wi' a hatchet did he
Frae his wooden cravat syne sat himsel' free;
But he vow'd that the deil micht tak' him for his ain
If he e'er kiss'd a lass through a window again,
Be she ever sae bonnie, or live wi' her grannie,
Or the bonniest wee lassie that ever he saw.

Text und Melodie: volkstümlich, aus Schottland;
nach Robert Ford, *Vagabond Songs and Ballads of Scotland,*
Paisley 1904.

Sally my Dear

1. O Sally my dear, but I wish I could woo you.
   O Sally my dear, but I wish I could woo you.
   She laugh'd and replied: And would wooing undo you?
   Sing fal the diddle i do,
   Sing whack fal the diddle day.

2. O Sally my dear, I would love you and wed you.
   O Sally my dear, I would love you and wed you.
   She laughed and replied: Then don't say I misled you.
   Sing …

3. If lassies were blackbirds and lassies were thrushes,
If lassies were blackbirds and lassies were thrushes,
How soon the young men would go beating the bushes!
Sing …

4. If the women were hares and raced round the mountain,
If the women were hares and raced round the mountain,
How soon the young men would be busy a-hunting!
Sing …

7. If the women were ducks and swum round the water,
If the women were ducks and swum round the water,
The men would turn drakes and be soon swiming after.
Sing …

Text und Melodie: volkstümlich, aus England; nach Cecil J. Sharp/ Charles L. Marson, *Folk Songs from Summerset* (Second series), London 1911.

Saw ye Johnnie Cummin'? Quo' she

1. 𝄆 Saw ye Johnnie cummin'? quo' she,
Saw ye Johnnie cummin', 𝄇
O, saw ye Johnnie cummin'? quo' she;
Saw ye Johnnie cummin',
Wi' his blue bonnet on his head,
And his doggie runnin', quo' she;
and his doggie runnin'?

2. 𝄆 Fee him father, fee him, quo' she;
Fee him, father, fee him; 𝄇
For he is a gallant lad,
and a weel doin;
And a' the wark about the house
Gaes wi' me when I see him, quo' she;
Wi' me when I see him.

3. 𝄆 What will I do wi' him, hussy?
What will I do wi' him? 𝄇
I ha'e twa sarks into my kist,
And ane o'them i'ill gi'e him,
And for a mark of mair fee
Dinna stand wi' him, quo' she;
Dinna stand wi' him.

4. 𝄆 For well do I lo'e him, quo' she;
Well do I lo'e him; 𝄇
O fee him, father, fee him, quo' she,
Fee him father, fee him;
He'll ha'e the pleugh, thrash in the barn,
And lie wi' me at e'en, quo' she,
Lie wi' me at e'en.

Text: Robert Burns; Melodie: nach James Johnson,
The Scot's Musical Museum (Volume I), Edinburgh 1787.

Shooting of his Dear

1. Young Jim he went hunting with his dog and gun,
   On purpose to shoot at some lilywhite swan:
   With his love peering round him he took her to be a swan,
   So he shot his dear darling with a ratteling gun.

2. And when he came to her and found it was she,
   His heart bled with sorrow till his eyes could not see,
   Crying: »Polly, dear Polly, my own heart's delight,
   If you were living you should be my bride.«

3. He took up his gun and straightway went home,
Crying: »Uncle, dear Uncle, do you know what I've done?
With my love swiffling round me I took her to be a swan.
So I shot my dear darling with a ratteling gun.«

4. Then up spoke his uncle with his hair growing gray:
»You're sure to be hung if you do run away:
Stay at home in your county till the 'Sizes* come on,
You never shall be hanged for the shooting of one.«

5. In six weeks' time when the 'Sizes came on
Young Polly appeared in form of a swan,
Crying: »Jimmy, young Jimmy, young Jimmy is clear,
He never shall be hang'd for the shooting of his dear.«

* 'Sizes = assizes = die früher in jeder englischen Grafschaft periodisch abgehaltenen Geschworenengerichte.

Text und Melodie: volkstümlich, aus England; nach Cecil J. Sharp, *Folk Songs of Somerset* (last series), London 1910.

Spancil Hill

1. Last night as I lay dreaming of pleasant days gone by
My mind been bent on rambling to Ireland I did fly.
I stepped upon a vision and I follow'd with the wind,
When next I came to anchor at the cross of Spancill Hill.

2. Been on the twenty third of June the day before the fair
When Ireland's sons and daughters and friends assembled there
The young, the old, the brave and the bold came their duty to fulf
At the parish church at Clooney, a mile from Spancil Hill.

3. I went to see my neighbours to hear what they would say
The old ones were all dead and gone, the young ones turning grey.
I met the tailor Quigley, he's as bold as ever still,
Sure he used to make my britches when I lived in Spancil Hill.

4. I paid a flying visit to my first and only love,
She's as white as any lily and as gentle as a dove.
She threw her arms around me saying, »Johnny I love you still«,
Oh she's Ned the farmer's daughter, the pride of Spancil Hill.

5. I dreamt I held and kissed her as many a time before,
»O Johnny you're only joking as many a time before«.
The cock he crew in the morning, he crew both loud and clear,
I awoke in California, many miles from Spancil Hill.

Traditional

Sweet Betsy from Pike

1. Oh, don't you remember sweet Betsy from Pike,
   Who cross'd the big mountains with her lover Ike;
   With two yoke of cattle, a large yellow dog,
   A tall Shanghay rooster, and one spotted hog,
   Refrain: Saying good by, Pike Country,
   Farewell for awhile,
   We'll come back again,
   When we've pann'd out our pile.

2. One evening quite early they camped on the Platte,
   'Twas near by the road on a green shady flat,
   Where Betsy, sore-footed, lay down to repose –
   With wonder Ike gazed on that Pike County rose.
   Refrain (quicker): Saying good by …

3. Their wagon broke down with a terrible crash,
And out on the prairie rolled all kinds of trash,
A few little baby clothes done up with care,
'Twas rather suspicious, but all on the square.
Refrain (quicker): Saying good by …

4. The Shanghay ran off, and their cattle all died;
That morning the last piece of bacon was fried;
Poor Ike was discouraged and Betsy got mad,
The dog drooped his tail and looked wondrously sad.
Refrain (quicker): Saying good bye …

5. They soon reached the desert where Betsy gave out,
And down in the sand she lay rolling about;
While Ike, half distracted, looked on with surprise,
Saying, »Betsy, get up, you'll get sand in your eyes.«
Refrain (quicker): Saying good by …

6. Sweet Betsy got up in a great deal of pain,
Declared she'd go back to Pike County again;
But Ike gave a sigh, and they fondly embraced,
And they travelled along with his arm round her waist.
Refrain (quicker): Saying good by …

7. They suddenly stopped on a very high hill,
With wonder looked down upon old Placerville;
Ike sighed when he said, and he cast his eyes down,
»Sweet Betsy, my darling, we've got to Hangtown.«
Refrain (quicker): Saying good bye …

8. Long Ike and sweet Betsy attended a dance;
Ike wore a pair of his Pike County pants;
Sweet betsy was dressed up in ribbons and rings;
Says Ike, »You're an angel, but where are your wings?«
Refrain (quicker): Saying good bye …

Text und Melodie: volkstümlich, aus Irland.

Sweet Cootehill Town

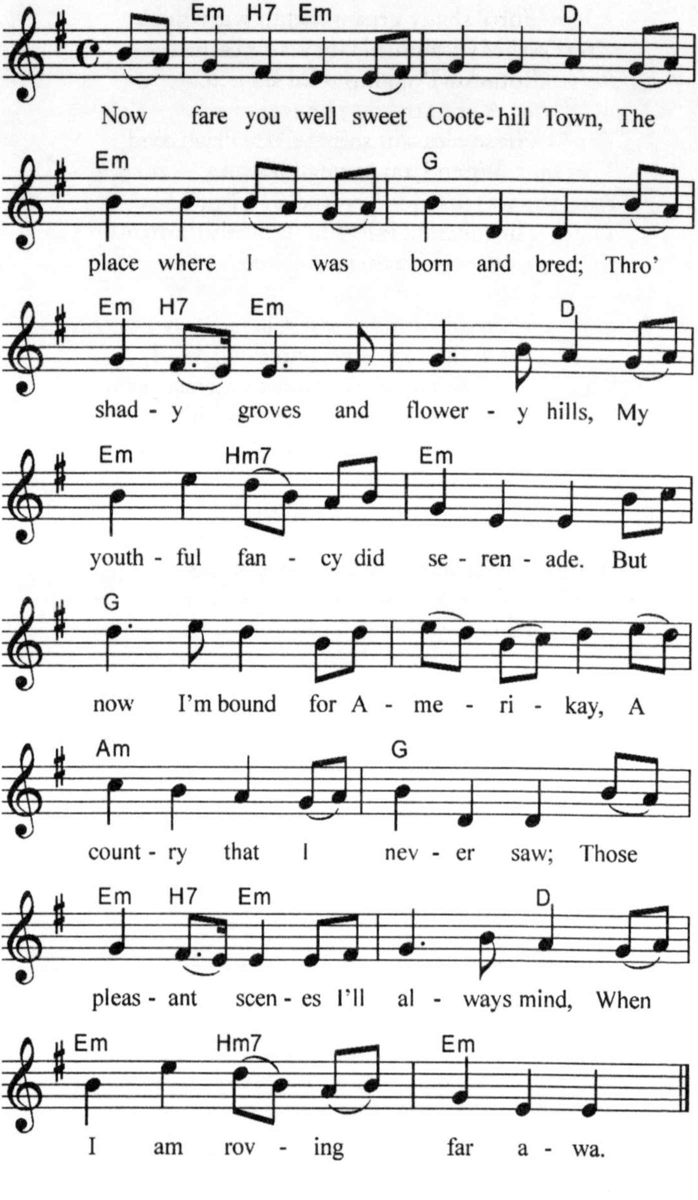

1. Now fare you well sweet Cootehill Town,
The place where I was born and bred;
Thro' shady groves and flowery hills,
My youthful fancy did serenade.
But now I'm bound for Americay,
A country that I never saw;
Those pleasant scenes I'll always mind,
When I am roving far awa.

2. The pleasant hills near Cootehill town,
Where I have spent my youthful days,
Both day and night I took delight
In dancing and harmless plays.
But while I rove from town to town,
Found mem'ry in my mind shall stay
Of those pleasant happy youthful hours
That now are spent and passed away.

3. I hope kind fate will reinstate
That fortune's face will on me smile,
And safe conduct me home again
To my own dear native Irish isle:
When my comrades all and friends likewise
Will throng around and thus will say:
»We will sing and play as in days of old;
So you're welcome home from far away.«

Text und Melodie: volkstümlich, aus Irland;
nach P. W. Joyce, *Old Irish Folk Music and Songs,* Dublin 1909.

The Ash Grove

1. Down yonder green valley where streamlets meander,
When twilight is fading I pensively roam.
Or at the bright noontide in solitude wander,
Amid the dark shades of the lonely Ash Grove.
'Twas there while the blackbird was cheerfully singing,
I first met that dear one, the joy of my heart,
Around as for gladness the bluebells were ringing,
Ah! then little thought I how soon we should part.

2. Still glows the bright sunshine o'er valley and mountain,
Still warbles the blackbird its note from the tree;
Still trembles the moonbeam on streamlet and fountain,
But what are the beauties of nature to me?
With sorrow, deep sorrow, my bosom is laden,
All day I go mourning in search of my love.
Ye echoes! Oh, tell me, where is the sweet maiden?
»She sleeps 'neath the green turf down by the Ash Grove.«

Text und Melodie: volkstümlich, aus England.

The Birken Tree

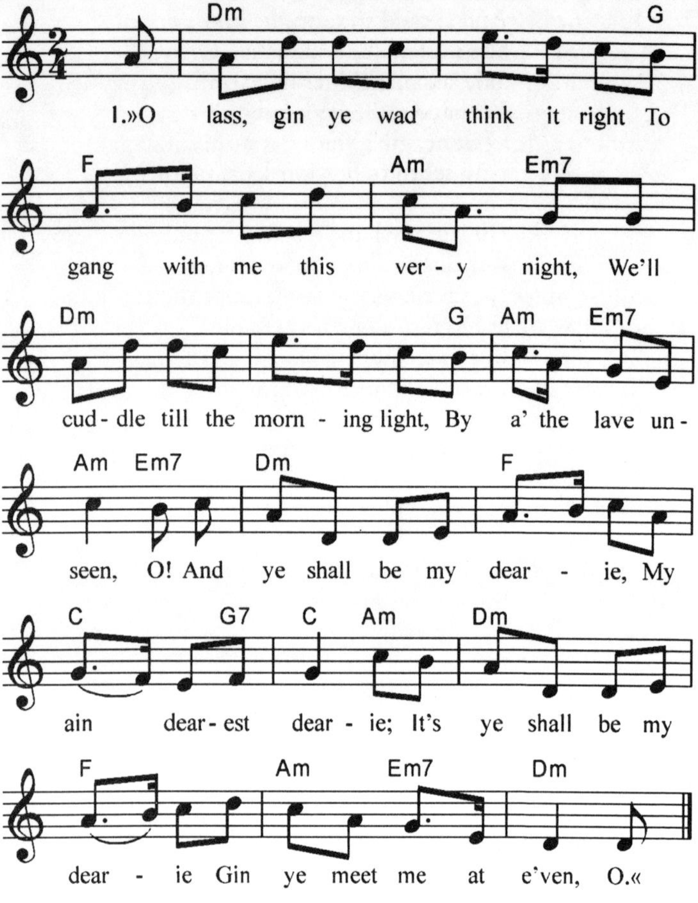

2. »I daurna for my mammie ga'e.
She locks the door and keeps the key.
And e'en and morning charges me,
And aye aboot the men, O.
She says they're a' deceivers,
Deceivers, deceivers,
She says they're a' deceivers,
We canna trust to ane, O«.

3. »O never mind your mammie's yell,
Nae doubt she met your dad hersel';
And should she flyte ye may her tell
She's aften dune the same, O.
Sae, lassie, gie's yer hand on't,
Yer hand on't, yer hand on't.
O lassie, gie's yer hand on't,
And scorn to lie your lane, O«.

4. »O lad, my hand i canna gie,
But aiblins I may steal the key,
And meet you at the birken tree
That grows down in the glen, O.
But dinna lippen, laddie,
I canna promise, laddie,
O dinna lippen, laddie,
In case I canna win, O«.

5. Now, he's gane to the birken tree,
In hopes his true love there to see;
And wha cam' tripping o'er the lea
But just his bonnie Jean, O.
And she clink'd doon beside him,
Beside him, beside him,
And she clink'd doon beside him
Upon the grass sae green, O.

6. »I'm overjoyed wi' rapture noo«,
Cried he, and press'd her cherrie mou',
And Jeannie ne'er had cause to rue
That nicht upon the green, O.
For she has got her Johnnie,
Her sweet and loving Johnnie,
For she has got her Johnnie,
And Johnnie has got his Jean, O.

Text und Melodie: volkstümlich, aus Schottland;
nach Robert Ford, *Vagabond Songs and Ballads of Scotland,*
Paisley 1904

The Broom o' the Cowdenknowes

1. »O the broom, the bonnie, bonnie broom,
And the broom o' the Cowdenknowes!«
And aye sae sweet as the lassie sang,
I' the bucht milking the ewes.
»O I hae been east, and I hae been west,
And I hae been far o'er the knowes,
But the bonniest lass that ever I saw,
Is I' the bucht milking the ewes.«
O the broom, the bonnie, bonnie broom!

2. She set the cog upon her head,
And she's gane singing hame.
»O where hae ye been, my ae dochter?
Ye haena been your lane«.
»O wae be to your eweherd father,
And an ill death may he dee:
He biggit the bucht at the back o' the knowes,
And a tod has frichted me«.
O the broom, the bonnie, bonnie broom!

3. It fell on a day, a het simmer day,
She was ca'ing out her father's kye,
There cam' a troop o' gentlemen
A-riding merrily by.
»Weel may ye save and see, bonnie lass!
Weel my ye save and see!
For dinna ye mind that misty nicht
I was i' the bucht wi thee?«
O the broom, the bonnie, bonnie broom!

4. Then he's leapt off his berry-brown steed,
And he's set that fair may on;
»Ca' out your kye, gude-father, yoursel';
For she's never ca' them out again«.
»I am the laird o' the Oakland hills,
I hae thirty ploughs and three;
And I hae gotten the bonniest lass
That's in a' the south countrie.«
O the broom, the bonnie, bonnie broom!

Text und Melodie: volkstümlich, aus Schottland;
nach *Lyric Gems of Scotland*, London/Glasgow o. J. (ca. 1900).

The Cliffs of Dooneen

1. You may travel far, far from your own native home,
Far away o' the mountains far away o' the foam,
But of all the fine places that I've ever been,
O', there's none to compare with the Cliffs of Dooneen.

2. It's a nice place to be on a fine summer's day,
Watching all the wild flowers that ne'er do decay
Of a hare and lusty pheasant are plain to be seen,
Making homes for the young round the Cliffs of Dooneen.

3. To have a view o' the mountains, fine sights you'll see there;
You'll see the high rocky mountains, and the West Cost of Clare,
And the towns of Kilkee, and Kilrush can be seen
From the high rocky slopes of the Cliffs of Dooneen.

4. Faredy well to Dooneen, faredy well for a while,
And to all the fine people I'm leaving behind,
To the greens and the meadows where late I have been,
And the high rocky slopes of the Cliffs of Dooneen.

Text und Melodie: volkstümlich, aus Irland.

The Drynaun Dhun

1. My love he is fairer than a summer day;
His breath it is sweeter than the newly mown hay;
His hair shines like gold when exposed to the sun;
And they gave him his name from the Drynaun Dhun*.

2. My love he is gone from me o'er the main**;
May God send him safe to his true love again.
I am mourning each day till the dark night comes on,
And I sleep neath the blossoms of the Drynaun Dhun.

3. If I had a small cot on the sea to row,
I'd follow my true love where'er he might go;
I would rather have my true love at home to sport and play,
Than all the golden treasures on land and sea.

4. I am waiting impatient for my love's return,
And for his long absence I'll ne'er cease to mourn;
I will join with the small birds when spring time comes on,
And welcome home the blossom of Drynaun Dhun.

* Drynaun Dhun = engl. sloebush = Schwarzdorn; hier als Symbol für einen jungen Mann und Liebhaber

** main = ocean = Weltmeer

Text und Melodie: volkstümlich, aus Irland;
nach P. W. Joyce »*Old Irish Folk Music and Songs*«, Dublin 1909.

The Farfar Sodger*

* Sodger = Soldat

1. In Farfar I was born and bred,
    But, troth, I maist think shame, sir,
To tell the weary life I led
    Afore I gaed frae hame, sir;
My daddie was a weaver poor
    As ever ca'd a spule, man;
For beaf was ne'er inowre the door
    But just a pound at Yule, man.

2. I learned fu' sune the pirns to fill,
    And rock the cradle too, sir;
And though I liked it unco ill,
    What other could I do, sir?
A' day I was obleeged to work,
    To keep me frae a thrashin';
And ilka Sabbath gaed to kirk,
    Because it was the fashion.

3. I entered schule at twal' year auld,
    But aft the truan' did play, sir,
Which made my dad and mam to scauld,
    And beat me every day, sir;
But when I could baith write and read,
    And count the rule o' three, man,
The noble scheme cam' in my heid,
    A sodger I wad be, man.

4. To be sae beat by mam and dad,
    Nae longer wad I stay, sir,
But I wad try the sodger trade,
    And sae I ran away, sir.
I ran till I was wast at Glamis,
    A toun in Farfar County,
And listed there wi' Sargeant Fauns,
    For fifteen pounds o' bounty.

5. He learned me hoo to set my teas,
    And hoo to fire an' a', sir,
That I micht bauldly face my faes,
    When I was ca'd awa', sir.
He gae me claes to hap my back,
    And mittens for my han's, man,
And swore I was the prettiest chap
    In a' the toun o' Glamis, man.

6. I ran aboot frae place to place,
   To markets up and down, sir,
My coat half covered ower wi' lace,
   Wi' pouther on my crown, sir.
And hoo puir sodgers foucht and fared
   In climates distant far, man,
In sooth! I never kent nor cared,
   Nor felt the woes o' war, man.

7. But sune they gar'd me change my go,
   For I was sent to Spain, sir.
Where twenty regiments in a row
   Were marchin' over the plain, sir.
At night when on our guns we lay,
   That we micht aye be ready,
My drowsy thochts aft fand their way,
   To Farfar and my daddy.

8. When first the French cam' in my view,
   My heart began to beat, sir,
But Farfar bluid was ever true,
   And how could I retreat, sir?
It's true I got a wee bit fleg,
   But grumlin' I disdain, man;
For tho' a ball gaed thro' my leg,
   I fired and load again, man.

8. The bluid cam' bockin' thro' my hose,
   And when I couldna gang, sir,
I toom'd my gun among my foes,
   And syne sat doon and sang, sir.
At »Scots wha hae wi' Wallace bled«,
   An' »Up wi' t Maggie Dick«, man;
But sune wi' cauld my woundit leg
   It grew as stiff's a stick, man.

9. I crawled and crept on hands and feet
   Till I got frae the thrang, sir,
And when I loot the Doctor see't,
   Gude safe's! hoo he did ban, sir.
My limb he instantly cut aff,
   And noo I that was lame, man,
I got a great big oxter staff,
   And I cam' hirplin' hame, man.

10. I hae been twice three years abroad
In service of my king, sir;
I've wandered mony a dreary road,
And unco sichts I've seen, sir.
There's mony a place I hae been at
That here I needna mention,
But snug in Fafar noo I sit
And thrive upon a pension.

Text und Melodie: volkstümlich, aus Schottland;
nach Robert Ford, *Vagabond Songs and Ballads of Scotland,*
Paisley 1904

The Foggy Dew

1. As down the glen one Easter Morn
To a city fair rode I.
There armed lines of marching men
In squadrons passed me by.
No pipe did hum, no battle drum
Did beat out it's wild tatoo.
But the Angelus bell over Liffey's swell
Rang out in the foggy dew.

2. It was England bade our wild geese go
That small nations might be free.
But their lonely graves are by Suvla's waves
Or the fringe of the Great North Sea.
Oh had they dies by Pearse's side
Or fallen by Cathal Brugha,
Their names we would keep where the Fenians sleep
Who fell in the foggy dew.

3. Right proudly high over Dublin town
We flung out our flag of war,
It was better to die neath an Irish sky
Than at Suvla or Sudel-Barr,
And from the plains of Royal Meath
Strong men came hurrying through
While Britania's Huns and their long range guns
Poured hell through the foggy dew.

4. As back through the glen I rode again
My heart with grief was sore
For that gallant band of fighting men
I never would see more.
And too and fro in my grief I go
I think gallant comrades of you
For slavery fled oh glorious dead
When you fell in the foggy dew.

Text und Melodie: volkstümlich, aus Irland.

The Gardener's Son

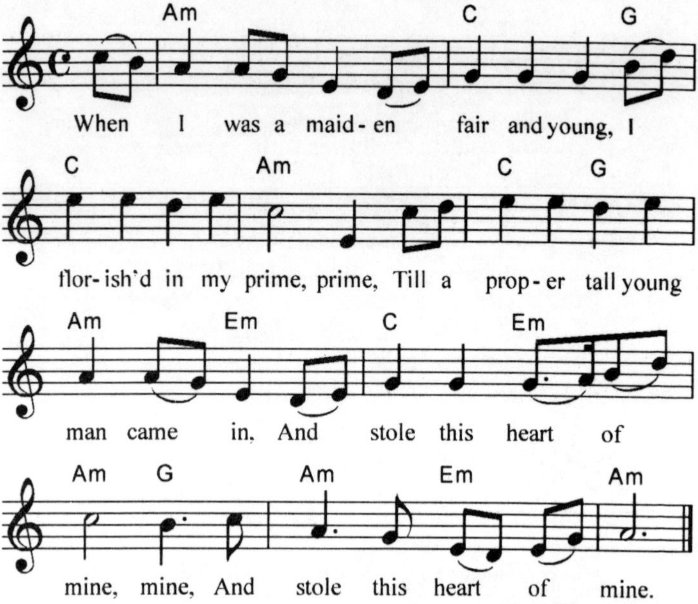

1. When I was a maiden fair and young,
   I florish'd in my prime, prime,
   Till a proper tall young man came in,
   And stole this heart of mine, mine,
   And stole this heart of mine.

2. The gardener's son being standing by,
   Three gifts he gave to me, me:
   The pink, the rue, the violet blue,
   And the red red rosy tree, tree,
   The red red rosy tree.

3. Come all you maids, where'er you be,
   That florish in your prime, prime.
   Be wise, beware, keep free from care,
   Let no men steal your thyme, thyme,
   Let no men steal your thyme.

Text und Melodie: volkstümlich, aus Irland;
nach P. W. Joyce *»Old Irish Folk Music and Songs«*, Dublin 1909.

The Girl I Left Behind

1. I'm lonesome since I cross'd the hill
And o'ver the moor and valley;
Such heavy thoughts my heart do fill
Since parting with my Sally.
I seek no more the fine and gay,
For each but does remind me.
How swift the hours did pass away
With the girl I left behind me.

2. Oh, ne'er shall I forget the night,
The stars were bright above me.
And gently lent their silv'ry light
When first she vowed to love me.
But now I'm bound across the sea,
So heaven guide me kindly
And send me safely back again
To the girl I left behind me.

3. My mind her beauty shall retain
In sleeping or in walking,
Until I see my love again,
For whom my heart is aching.
If ever I return that way,
And she should not decline me
Then evermore I'll live and stay
With the girl I left behind me.

Text und Melodie: volkstümlich, aus England.

The Greenland Fishery

1. 'Twas in eighteen hundred and sixty one,
   On March the eighteenth day,
   That we hoist our colours to the top of the mast
   And from England bore away, brave boys,
   And from England bore away.

2. Our captain on the deck did stand,
   With a spy glass in his hand:
   There's a whale and a whale fish, he cried;
   For he blows at every span, brave boys,
   For he blows at every span.

3. Now the boat was launched and the men got in,
And a whale fish was in view;
And well prepared were our shipmates
For to strike where the whale fish blew, brave boys,
For to strike where the whale fish blew.

4. Now the lines played out and the fish was struck,
But she gave such a flourish with her tail,
She captized the boat and we lost five men;
And we could not catch the whale, brave boys,
And we could not catch the whale.

5. O then for the loss of that whale fish
We grieved our hearts full sore;
But O for the loss of five jolly tars,
That grieved us ten times more, brave boys,
That grieved us ten times more.

6. Up anchor, up anchor, our captain cried,
For the winter's star doth appear.
It is time for to leave this cold countrie
And to England back we'll steer, brave boys,
And to England back we'll steer.

7. For Greenland is such a barren place,
A place that bears no green,
Where the frost and the snow and the whale fish blow
And the daylight seldom seen, brave boys,
And the daylight seldom seen,

Text und Melodie: volkstümlich, aus England.

The Scolding Wife

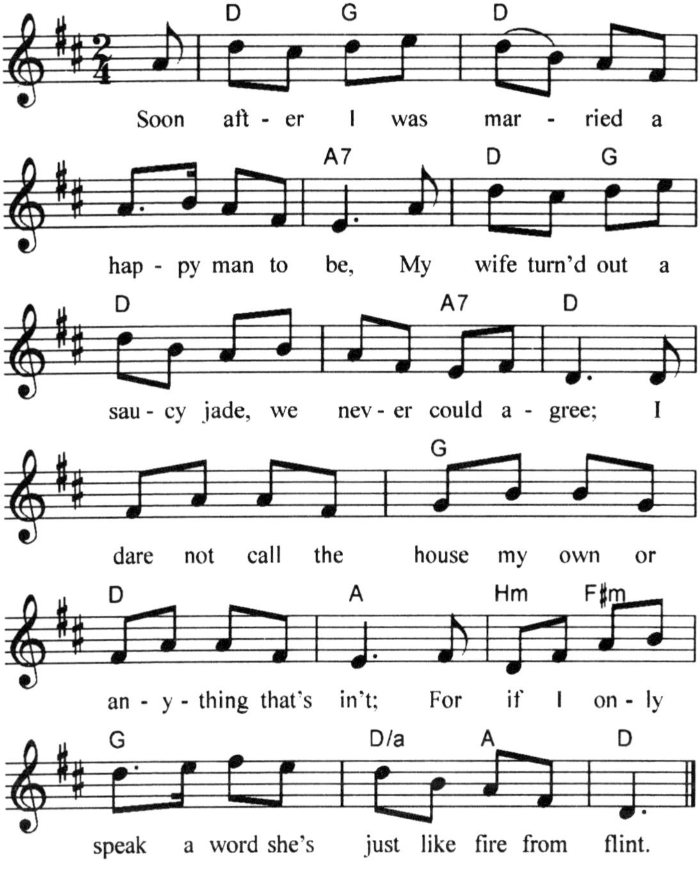

1. Soon after I was married a happy man to be,
My wife turn'd out a saucy jade, we never could agree;
I dare not call the house my own or anything that's in't;
For if I only speak a word she's just like fire from flint.

2. My very hair I dare not cut, my clothes I dare not wear,
She even takes them all away and leaves me cold and bare.
She railes at me when I am sick, she's worse when I am well;
Ah, now I know a scolding wife exceeds the pains of hell.

Text und Melodie: volkstümlich, aus Irland;
nach P. W. Joyce, »*Old Irish Folk Music and Songs*«, Dublin 1909.

The Jolly Beggar

1. It's of a jolly beggarman came tripping o'ver the plain.
He came unto a farmer's door a lodging for to gain.
The farmer's daughter she came down and bade him cheek and chin,
She says, »Here is a handsome man, I pray you, let him in!«
Chorus: We'll go no more a-rovin', a-rovin' in the night.
We'll go no more a-rovin', lad, the moon shines so bright.
We'll go no more a-rovin'!

2. He would not lie within the barn nor yet within the bire,
But he would in the corner lie down by the kitchen fire.
O then the beggar's bed was made a good clean sheets on hay
And down beside the kitchen fire the jolly beggar lay.
Chorus: We'll go no more a-rovin' …

3. The farmer's daughter she got up to close the kitchen door,
And there she saw the beggar standing naked on the floor.
He took the daughter in his arms and to the bed he ran.
»Kind sir«, she says, »be easy now, you'll waken our good man«.
Chorus: We'll go no more a-rovin' …

4. »Now, you are no beggar, you are some gentleman,
For you have stolen my maidenhead, and I am quite undone!«
»I am the Lord, I am the Squire, a beggar's I be one,
And beggars they be rabbles all so you are quite undone«.
Chorus: We'll go no more a-rovin' …

5. She took the bed in both her hands and threw it at the wall,
Says, »Go ye with the beggarman my maidenhead and all!«
We'll go no more a-rovin', a-rovin', a-rovin' in the night.
We'll go no more a-rovin', lad, the moon shines so bright.
Chorus: We'll go no more a-rovin' …

Text und Melodie: volkstümlich, aus Irland.

The Lord of the Dance

1. I danced in the morning when the world was young,
I danced in the moon and the stars and the sun.
I came down from heaven and I danced on earth
At Bethlehem I had my birth.
Chorus: Dance, dance, wherever you may be
I am the Lord of the Dance, said he.
I'll lead you all, wherever you may be
And I'll lead you all in the dance, said he.

2. I danced for the scribers and the pharisees,
They wouldn't dance and they wouldn't follow me.
I danced for the fishermen James and John.
They followed me and the dance went on.
Chorus: Dance, dance …

3. I danced on the Sabbath, I cured the lame,
The Holy People said it was a shame.
They whipped me, stripped me, and hung me high
And left me there on the cross to die.
Chorus: Dance, dance …

4. I danced on a Friday when the sky turned black,
It's hard to dance with the Devil on your back,
They buried my body and they thought I've gone
But I am the life and the dance goes on.
Chorus: Dance, dance …

5. They took me down and I leapt up high
I am the life that will never, never die.
I live in you if you live in me,
I am the Lord of the dance, said he.
Chorus: Dance, dance …

Text und Melodie: Sydney Carter; mit freundlicher Genehmigung von Edition Galliard Ltd.

The Ploughboy

1. As a jolly young ploughboy was viewing his land,
   Whilst his horses lay under a shade;
   He whistled and he sang as he gaily walked along,
   And by chance he espied a comely maid, comely maid,
   And by chance he espied a comely maid.

2. This young man fell in love, but her parents disapproved,
   And they vowed they would send him o'ver the main*;
   A pressgang** they hired who seized him on his land,
   And they sent him to the wars to be slain, to be slain.
   And they sent him to the wars to be slain.

3. But his love went to the harbour where the ship she did lie;
To the captain she sorely did complain;
The captain came on board saying: »My pretty maid, step in,
For we're going to the wars to be slain, to be slain,
For we're going to the wars to be slain.«

4. It's out of her pockets she drew handfuls of gold,
A hundred bright guineas and more;
She freely laid them down and took her true love by the hand,
And she led him till she brought him safe on shore, safe on shore,
And she led him till she brought him safe on shore.

5. Happy is the day when true lovers meet,
When their troubles and cares are all o'er;
But cursed are the wars, that send many a lad to sea,
And their trueloves never see them any more, any more,
And their trueloves never see them any more.

* Main = ocean = Weltmeer
** pressgang = Rekrutierungskommando

Text und Melodie: volkstümlich, aus Irland;
nach P. W. Joyce, *»Old Irish Folk Music and Songs«*, Dublin 1909.

The Robber

1. When I was eighteen I took a wife;
   I loved her dearly as I loved my life;
   And to maintain her both fin and gay,
   I went a-robbing, I went a-robbing on the King's highway.

2. I never robbed any poor man yet,
   And I was never in a tradesman's debt;
   But I robbed the lords and the ladies gay,
   And carried home the gold,
   And carried home the gold to my love straightway.

3. To Cupid's garden I did away,
To Cupid's garden for to see the play;
Lord Fieldong's gang* there did me pursue,
And I was taken,
And I was taken by the cursed crew.

4. My father cried: O, my darling son!
My wife she wept and cried: I am undone!
My mother tore her white looks and cried:
O in his cradle,
O in his cradle he should have died!

5. When I am dead and go to my grave,
A flashy funeral, O let me have;
Let none but bold robbers follow me,
Give them good broadswords,
Give them good broadswords and liberty

6. May six pretty maidens bear up my pall,
And let them have white gloves and ribbons all;
That they may say, when they speak the truth:
There goes a wild youth,
There goes a wild and wicked youth.

* Lord Fieldong's gang: Detektive

Text und Melodie: volkstümlich, aus England;
nach »Folk Songs from Somerset« (Fifth series), London 1909

The Seeds of Love

1. I sowed the seeds of love,
   And I sowed them in the spring:
   I gathered them up in the morning so soon;
   While the small birds so sweetly sing.

2. My garden was planted well
   With flowers everywhere:
   But I had not the liberty to choose for myself
   Of the flowers that I love so dear.

3. The gardener was standing by;
   And I asked him to choose for me.
   He choosed for me the Violet, the Lily, and the Pink,
   But those I refused all three.

4. The Violet I did not like,
because it bloomed so soon.
The Lily and the Pink I really overthink,
So I vowed that I would wait till June.

5. In June there was a red Rosebud,
And that is the flower for me.
I oftentimes have plucked that red Rosebud
Till I gained the willow tree.

6. The willow tree will twist
and the willow tree will twine;
I oftentimes have wished I were in that young man's arms
That once had the heart of mine.

7. Come, all you false young men,
Do not leave me here to complain;
For the grass that has oftentimes be trampled under foot
Give it time, it will rise up again.

Text und Melodie: volkstümlich, aus England; nach Cecil J. Sharp/ Charles L. Marson, *Folk Songs from Somerset* (First series), London 1910.

The Sheep Stealer

1. I am a brisk lad, but my fortune is bad,
   O! and I am most wonderful poor.
   Now indeed I intend my sad life for to mend,
   And to build a house down on the moor,
   My brave boys,
   And to build a house down on the moor.

2. In my meadow I'll keep fat oxen and sheep,
   And a neat little nag on the down.
   In the midst of the night, when the moon do shine bright,
   There's a number of work to be done,
   My brave boys,
   There's a number of work to be done.

3. I'll ride all around in another man's ground,
And I'll take a fat sheep for my own.
I will end of his life by the aid of my knife,
O! And then I will carry him home,
My brave boys,
Oh! And then I will carry him home.

4. My children shall pull the skin from the wool,
And I'll be in a place where there's none.
When the sherriff's men come, I will stand with my gun,
And swear all that I have is my own,
My brave boys,
And swear all that I have is my own.

Text und Melodie: volkstümlich, aus England;
nach Cecil J. Sharp/H. E. D. Hammond *Folk Songs of England*
(Folk Songs from Dorset), London 1908.

The Sign of the Bonny Blue Bell

1. As I was awalking one morning in spring,
To hear the birds whistle and the nightingale sing,
I heard a fair damsel, so sweetly sung she;
Saying: I will be married on a tuesday morning.

2. I stepped up to her and thus I did say:
Pray tell me your age and where you belong.
I belong to the sign of the Bonny Blue Bell;
My age is sixteen and you know very well.

3. Sixteen, pretty maid, you are young for to marry,
I'll leave you the other four years for to tarry.
You speak like a man without any skill;
Four years I've been single, against my own will.

4. On Monday night when I go there
To powder my locks and to curdle my hair,
There were three pretty maidens for me a-waiting,
Saying: I will be married on a tuesday morning.

5. On a tuesday morning the bells they shall ring
And three pretty maidens so sweetly shall sing:
So neat and so gay is my golden ring,
Saying: I shall be married on a tuesday morning.

Text und Melodie: volkstümlich, aus England;
nach Cecil J. Sharp/Charles L. Marson, *Folk Songs from Somerset* (First series), London 1910.

The Trees they Do Grow High

2. O father, dear father,
I fear you've done me harm,
You've married me to a bonny boy,
But I fear he is too young.
O daughter, dearest daughter,
But if you at home with me
A lady shall you be, while he's growing.

3. We will send him to a college
For one year or two.
And then perhaps in time my Love
A man he may grow.
I will buy you white ribbons to tie
About his bonny waist,
To let the ladies know he's married.

4. At age of sixteen,
O he was a married man,
At the age of seventeen,
He was father of a son.
At the age of eighteen, my Love,
His grave was a-growing green;
And so she saw the end of his growing.

5. She made her love a shroud
Of the holland, o so fine,
And every stitch she put in it,
The tears came trinkling down.
O once I had a sweetheart,
But now I have got never a one:
So fare you well my own true Love, forever.

6. The trees they do grow high,
And the leaves they do grow green;
But the time is gone and past,
My Love, that you and I have seen.
It's a cold winter's night, my Love,
When you and I must bide alone.
So fare you well my own true Love, forever.

Text und Melodie: volkstümlich, aus England; nachCecil J. Sharp/ Charles L. Marson, *Folk Songs from Somerset* (First series), London 1910.

The two Magicians

2. Then she became a duck,
a duck all on the stream.
And he became a waterdog
and fetch'd her back again.
Hulloa ...

3. Then she became a hare,
A hare upon the plain;
And he became a greyhound dog
And fetch'd her back again.
Hulloa ...

4. Then she became a fly
A fly all in the air;
And he became a spider
And fetch'd her to his lair.
Hulloa ...

Text und Melodie: volkstümlich, aus England;
nach Cecil J. Sharp/Charles Marson *Folk Songs from Somerset* (First series), London 1910.

The Wraggle Taggle Gipsies

1. There were three gipsies acome to my door,
   And downstairs ran this alady, O!
   One sang high and another sang low
   And the other sang bonny, bonny Biscay, O!

2. Then she pulled off her silk finished gown
   And put on hose of leather, O!
   The ragged, ragged rags about our door –
   She's gone with the wraggle taggle gipsies, O!

3. It was late last night, when my lord came home,
   Enquiring for his lady, O!
   The servants said, on every hand:
   She's gone with the wraggle taggle gipsies, O!

4. O saddle to me my milk-white steed,
   Go and fetch me my pony, O!
   That I may ride and seek my bride,
   Who is gone with the wraggle taggle gipsies, O!

5. O he rode high and he rode low,
He rode through woods and copses too,
Until he came to an open field,
And there he espied his a-lady, O!

6. What makes you leave your home and land?
What makes you leave your money, O?
What makes you leave your new wedded lord,
To go with the wraggle taggle gipsies, O?

7. What care I for my house and my land?
What care I for my money, O?
What care I for my new wedded lord?
I'm off with the wraggle taggle gipsies, O!

8. Last night you slept on a goose-feather bed,
With the sheet turned down so bravely, O!
And tonight you'll sleep in a cold open field
Along with the wraggle taggle gipsies, O!

9. What care I for a goose-feather bed,
With the sheet turned down so bravely, O?
For tonight I shall sleep in a cold open field
Along with the wraggle taggle gipsies, O!

Text und Melodie: volkstümlich, aus Irland;
nach J. Johnson, *The Scots Musical Museum,*
Edinburgh 1792–1797 (dort mit der Anmerkung:
»This ballad is very popular in Ireland«).

Tibbie Dunbar

Text: Robert Burns; Melodie: Johnnie McGill.

Tune your Fiddles

1. Tune your fiddles, tune them sweetly.
Play the Marquis Reel discreetly,
Here we are a band completly
Fitted to be jolly.
Come my boys, glad and gaucie,
Ev'ry youngster chuse his lassie,
Dance wi' life and be not saucy,
Shy nor melancholy.
    Come my boys ...

2. Lay aside your sowre grimaces,
Clouded brows and drumly faces,
Look about and see their graces,
How they smile delighted!
Now's the season to be merry,
Hang the thoughts of Charon's ferry,
Time enough to turn camstary
When we're old and doited.
    Now's the season ...

3. Butler put about the claret
Thro' us all divide and share it,
Gordon–Castle well can spare it
It has claret plenty.
Wine's the true inspiring liquor,
Draffy drink may please the vicar,
When he grasps the foaming bicker,
Vicars are not dainty.
    Wine's the true ...

4. We'll extol our noble master
Sprung from many a brave ancestor;
Lord preserve him from disaster,
So we pray in duty.
Prosper too our pretty Duchess
Safe from all distressful touches,
Keep her out of Pluto's clutches,
Long in health and beauty.
    Prosper too our ...

5. Angels guard their gallant boy,
Make him long his father's joy,
Strudy like the Heir of Troy,
Stout and brisk and healthy.
Pallas grant him every blessing
Wit and size and strength encreasing,
Plutus, what's in thy possessing,
Make him rich and wealthy.
Pallas grant ...

6. Youth solace him with thy pleasure
In refined and worthy measure,
Merit gain him choicest treasure
From the Royal Donor.
Famous may he be in 'story,
Full of days and full of glory,
To the grave when old and hoary
May he go with honour.
Famous may ...

Text: John Skinner (1721–1807); Melodie: volkstümlich, aus Schottland; nach James Johnson, *The Scot's Musical Museum in six Volumes,* Volume III, Edinburgh 1790.

Turn ye to me

F Dm F Dm
The stars are shin - ing, cheeri - ly, cheeri - ly
Bmaj7 F/c C7 F
Ho - ro, Mhai - ri dhu, turn ye to me; The
Dm F Dm
sea - mew is moan - ing, drear - i - ly, drear - i - ly,
Bmaj7 F/c C7 F
Ho - ro, Mhai - ri dhu, turn ye to me!
B F
Cold is the storm - wind that ruf - fels his breast, But
B F C7/4 C7
warm are the down - y plumes lin - ing his nest;
F B F Bm
Cold blows the storm there, soft falls the snow there;
F/c Dm C7 F
Ho - ro, Mhai - ri dhu, turn ye to me.

1. The stars are shining, cheerily, cheerily
Horo, Mhairi dhu, turn ye to me;
The seamew is moaning, drearily, drearily,
Horo, Mhairi dhu, turn ye to me!
Cold is the stormwind that ruffels his breast,
But warm are the downy plumes lining his nest;
Cold blows the storm there, soft falls the snow there;
Horo, Mhairi dhu, turn ye to me.

2. The waves are dancing, merrily, merrily,
Horo, Mhairi dhu, turn ye to me;
The seabirds are wailing, wearily, wearily,
Horo, Mhairi dhu, turn ye to me!
Hushed by thy moaning, lone bird of the sea!
Thy home on the rocks is a shelter to thee:
Thy home is the angry wave, mine but the lonely grave;
Horo, Mhairi dhu, turn ye to me.

Text: John Wilson [Pseudonym: Christoffer North];
Melodie: Alte Weise schottischer Ruderer, nach *»Lyric Gems of Scotland«*, London/Glasgow o. J., ca. 1900.

Whiskey in the Jar

1. As I was going over the far famed Kerry mountains,
I met with Captain Farrel and his money he was counting.
I first produced my pistol and I then produced my rapier,
Saying stand and deliver for you are a bold deceiver.
Chorus: Musha ring durram do durram dah
Whack fol de daddio – Whack fol de daddio,
There's whiskey in the jar.

2. I counted out his money and it made a pretty penny
I put it in my pocket and I took it home to Jennie.
She sighed and she swore that she never would deceive me,
But the Devil take the women for they never can be easy.
Chorus: Musha ring durram do …

3. I went onto my chamber all for to take a slumber,
I dreamt of golden jewels and for sure it was no wonder.
But Jennie drew my charges and she filled them up with water,
Then sent for Captain Farrel to be ready for the slaughter.
Chorus: Musha ring durram do …

4. It was early in the morning just before I 'rose to travel,
Up comes a band of footmen and likewise Captain Farrel.
I first produced my pistol for she'd stolen away my rapier,
But I couldn't shoot the water so a prisoner I was taken.
Chorus: Musha ring durram do …

5. There's some take delight in the carriages a rolling,
Others take delight in the hurley and the bowling.
But I take delight in the juice of the barley
And courting pretty fair maids in the morning bright and early.
Chorus: Musha ring durram do …

6. And if anyone can aid me 'tis my brother in the army,
If I can fight a station in Cork or in Killarny.
And if he'll go with me we'll roaming in Kilkenny
And I'm sure he'll treat me better than my only sporting Jennie.
Chorus: Musha ring durram do …

Text und Melodie: volkstümlich, aus Irland.

Willie Taylor

2. When her parents came to hear it
They were filled with wrath and spile,
Said they'd prove young William's ruin –
Rob him of his heart's delight.
Chorus: Oh, the vows, …

3. Four and twenty British sailors
Met him on the king's high road,
As he went for to be married:
Pressed he was and sent abroad.
Chorus: Oh, the vows, …

4. She dressed herself in sailor's garment,
Went on board a ship of war;
Her pretty fingers long and slender
All besmeared with pitch and tar.
Chorus: Oh, the vows, …

5. In this ship there was a skirmish,
She among the rest did fight:
Her jacket burst the silver buttons;
Her breast was bared all snowy white.
Chorus: Oh, the vows, …

6. Then the captain did inquire,
»What misfortune drove you here?«
»Sir, I'm seeking Willie Taylor;
Pressed he was by you last year.«
Chorus: Oh, the vows, …

7. »If you rise tomorrow early,
If you go at break of day,
There you'll see your Willie Taylor
With another lady gay.«
Chorus: Oh, the vows, …

8. »Oh, false Willie, you've deceived me,
You promised to make me your wife;
She that bought you shall not keep you,
For his hour I'll have your life.«
Chorus: Oh, the vows, …

9. Soon she got a case of pistols,
Sore she mourned and sore she cried;
There she shot false Willie Taylor
And the lady by his side.
Chorus: Oh, the vowes, …

Text und Melodie: volkstümlich, aus Irland;
nach P. W. Joyce, *»Old Irish Folk Music and Songs«*,
Dublin 1909.

Woo'd and Married and A'

1. The bride came out of the byre,
   And o as she dighted her cheeks,
   Sirs, I'm to be married the night,
   And has neither blankets, nor sheets,
   Has neither blankets, nor sheets,
   Nor scare a coverlet too.
   The bride that has a' thing to borrow,
   Has e'en right meikle a-do.
   Woo'd and married and a',
   Woo'd and married and a',,
   An' was nae she very weel aff,
   That was woo'd and married and a'.

2. Out spake the bride's father,
   As he came in frae the plough,
   O had ye're tongue, my daughter,
   And ye's get gear enough;
   The stirk hat stands i' th' tether,
   And our bra' basin'd jade
   Will carry ye hame your corn;
   What wad ye be at, ye jade?
   Woo'd and married …

3. Out spake the bride's mither,
What devil needs a' this pride!
I had nae a plack in my pouch
That night I was a bride;
My gown was linsy-woolsy,
And ne'er a sark ava;
And ye hae ribbons and buskins,
Mae than ane or twa.
Woo'd and married ...

4. What's the matter, quo' Willie,
Tho' we be scant o' claiths,
We'll creep the nearer the gither,
And we'll smore a' the fleas:
Simmer is coming on,
And we'll get teats of woo;
And we'll get a lass o' our ain,
And she'll spin claiths anew.
Woo'd and marries ...

5. Out spake the bride's brither,
As he came in wi' the kie,
Poor Willie had ne'er a tane ye,
Had he kent ye as well as I;
For you're baith proud and saucy,
And nae for a poor man's wife;
Gin I canna get a better,
Ise never tak ane i' my life.
Woo'd and married ...

6. Out spake the bride's sister,
As she came in frae the byre,
O gin I were but married!
It's a' that I desire:
But we poor fo'k maun live single,
And do the best we can;
I dinna care what I shou'd want,
If I cou'd get but a man.
Woo'd and married ...

Text und Melodie: volkstümlich, aus Schottland; nach James Johnson, *The Scot's Musical Museum in six Volumes*, Vol. I, Edinburgh 1788.

Ye Banks and Braes

1. Ye banks and braes o' bonnie Doon,
How can ye bloom sae fresh and fair!
How can ye chant, ye little birds,
And I sae weary fu' o'care!
Thou'lt break my heart, thou warbling bird
That wantons through the flow'ring thorn,
Thou minds me o' departed joys,
Departed, never to return.

2. Aft ha'e I rov'd by bonnie Doon,
To see the rose and woodbine twine;
And ilka bird sang o' its love,
And fondly sae did I o' mine.
Wi' lightsome heart I pu'd a rose,
Fu' sweet upon its thorny tree;
And my fause lover stole my rose,
But, ah! he left the thorn wi' me.

Text: Robert Burns; Melodie: nach »*Lyric Gems of Scotland*«, London/Glasgow o. J. [ca. 1900].

Verzeichnis der Lieder nach Gruppen

Volks- und Kinderlieder aus Deutschland

Negro Folksongs und Spirituls

Volkslieder und Shanties aus aller Welt

Volkslieder aus England, Irland und Schottland

Alphabetisches Verzeichnis der Lieder und Textanfänge

Quellen- und Literaturverzeichnis

AHLSTRÖM: *Nordiska Folk-Visor med Piano,* Stockholm 1886

AYTOWN, W. EDMOND: *The Ballads of Scotland,* 2 Volumes, Edinburgh/London 1828, ⁴1870

Bayerisches Liederbüchlein, herausgegeben von KLAUS BUHÉ, Wilhelmshaven 1981

BELL, R.: *Ancient Poems and Songs of the Peasantry of England,* London 1857

BÖHME, FRANZ M.: *Altdeutsches Liederbuch.* Volkslieder der Deutschen nach Wort und Weise aus dem 12. bis zum 17. Jahrhundert, Berlin 1877

–,–: *Volkstümliche Lieder der Deutschen im 18. und 19. Jahrhundert,* Leipzig 1895

BORRIS, SIEGFRIED/UTA WILLMS: *Diese Welt ist tausendschön.* Neue Kinderlieder, Wilhelmshaven 1983

BUCHAN, P.: *Ancient Ballads and Songs of the North Scotland,* 2 Volumes, Edinburgh 1828

CHAPELL, WILLIAM: *Popular Music of the Olden Time.* A Collection of ancient Songs, Ballads and Danse-Tune, 2 Volumes, London 1859

Dat du mien Leewsten büst. 200 plattdeutsche Lieder aus Vergangenheit und Gegenwart, herausgegeben von HEIKE MÜNS, Wilhelmshaven 1988, ²1998

DEBUS, HELMUT: *Mien plattdüütsch Singbook,* herausgegeben von PETER K. KIRCHHOF, Wilhelmshaven 1989, ²1998

Des deutschen Knaben Wunderhorn. Alte deutsche Lieder, gesammelt von L. A. v. ARNIM und CLEMENS BRENTANO. Band I, Heidelberg 1806; Band II und III, Heidelberg 1808

DITFURTH, FRANZ WILHELM, FREIHERR VON: *Fränkische Volkslieder mit ihren Singweisen,* Leipzig 1853

Droben auf jenem Berge. Deutsche Volkslieder I. Balladen, Liebeslieder, Berufs- und Ständelieder. Herausgegeben von HERMANN STROHBACH, Wilhelmshaven 1984

ERK, LUDWIG/FRANZ M. BÖHME: *Deutscher Liederhort,* Band I, II, Leipzig 1893/94, Band III, Leipzig ²1925

ERK, LUDWIG/WILHELM IRMER: *Die deutschen Volkslieder mit Ihren Singweisen,* Band 1 (Heft 1–6), Berlin 1838–41; Band 2 (Heft 1–6), Berlin 1841–45; Band 3 (Heft 1), Berlin 1845

Folk Songs from Somerset, First series, edited by CECIL J. SHARP and CHARLES L. MARSON, London 1910

Folk Songs from Somerset, Second series, edited by CECIL J. SHARP and CHARLES L. MARSON, London 1911

Folk Songs from Somerset, Third series, edited by CECIL J. SHARP and CHARLES L. MARSON, London 1916

Folk Songs from Somerset, Forth series, edited by CECIL J. SHARP and CHARLES L. MARSON, London 1911

Folk Songs from Somerset, Fifth series, edited by CECIL J. SHARP and CHARLES L. MARSON, London 1909
Folk Songs from Somerset, Last series, edited by CECIL J. SHARP, London 1910
Folksongs of England, Vol. II: *Folksongs from the Eastern Counties,* collected by R. VAUGHAN WILLIAMS, London 1908
Folksongs from England, Section: *Folk Songs from Dorset,* collected by H. E. D. HAMMOND, London 1908
FORD, ROBERT: *Vagabond Songs and Ballads of Scotland,* Paisley 1904
FORSTER, GEORG: *Ein Auszug guter alter teutscher Liedlein,* Teil I–V, Nürnberg 1539–1556
HARTMANN, A./H. ABELE: *Volkslieder in Bayern, Tirol und Land Salzburg,* Leipzig 1884
HERDER, JOHANN GOTTFRIED VON: *Volkslieder,* Teil I, Leipzig 1778; Teil II, Leipzig 1779
HOFFMANN VON FALLERSLEBEN, AUGUST HEINRICH: *Die deutschen Gesellschaftslieder des 16. und 17. Jahrhunderts,* 2. Aufl., Leipzig 1860
HOFFMANN VON FALLERSLEBEN, AUGUST HEINRICH/ERNST RICHTER: *Schlesische Volkslieder mit Melodien,* Leipzig 1842
HRUSCHKA, ALOIS/WENDELIN TOISCHER: *Deutsche Volkslieder aus Böhmen,* Prag 1891
JAMIESON, *Popular Ballads and Songs,* 2 Volumes, Edinburgh 1806
JOHNSON, JAMES: *The Scot's Musical Museum in six Volumes,* Vol. I, Edinburgh 1787
–,–: Vol. II, Edinburgh 1788
–,–: Vol. III, Edinburgh 1790
JOYCE, P. W.: *Old Irish Folk Music and Songs,* Dublin 1909
KLAWITTER, LILIAN: *Lieder slawischer Völker,* Wilhelmshaven 1977
KOPP, ARTHUR: *Deutsches Volks- und Studentenlied in vorklassischer Zeit,* Berlin 1899
KRAPP, H.: *Odenwälder Spinnstube.* 300 Volkslieder aus dem Odenwald, Darmstadt 1904
KRETZSCHMER, AUGUST/WILHELM FLORENTIN VON ZUCCALMAGLIO: *Deutsche Volkslieder nach ihren Originalweisen,* Band 1, Berlin 1838; Band 2, Berlin 1840
LE JEUNE, Letterk. overzigt en proven van de *Nederlandse Volksgezangen sedert de XVe eeuw,* 's Gravenhage 1828
LILIENCRON, ROCHUS FREIHER VON: *Deutsches Leben im Volkslied um 1530,* Stuttgart 1884
Lochamer Liederbuch, um 1460, Faksimilie-Ausgabe von KONRAD AMELN, Berlin 1925
LOOTSEN, A./J. M. E. FEYS: *Chant populaires Flamands,* avec les airs notés, Bruges 1879
Lyric Gems of Scotland, London/Glasgow o. J.
MEIER, ERNST: *Schwäbische Volkslieder mit ausgewählten Melodien,* Berlin 1855
NELSON, HERBERT: *Kleine Kriege. Chansons und Kabarettlieder,* Wil-

helmshaven 1987
NICOLAI, FRIEDRICH: *Eyn feyner kleyner Almanach*, Band I, Berlin 1777; Band 2, Berlin 1778
REIFFERSCHEID, ALEXANDER: *Westfälische Volkslieder in Wort und Weise*, Heilbronn 1879
RITSON, J.: *Scotish Songs*, 2 Volumes, London 1794
SCARBOROUGH, DOROTHY: *On the Trail of Negro Folk Songs*, Cambridge (Havard Univ. Press) 1925
SCHADE, OSKAR: *Deutsche Handwerkslieder*, Leipzig 1865
Schanz, J./C. Parrucker: Deutsches Liederbuch, Leipzig 1848
SCHERER, GEORG: *Jungbrunnen*. Die schönsten deutschen Volkslieder, Berlin 1871
Schürtz dich Gretlein. Deutsche Volkslieder II. Arbeitslieder, Brauchtums-, Trink, Tanz, Scherz- und Spottlieder. Rätsel- und Wettstreitlieder. Herausgegeben von HERMANN STROBACH, Wilhelmshaven 1987
Shanty-Büchlein, herausgegeben von KLAUS BUHÉ, Wilhelmshaven 1984
SIMROCK, KARL: *Die deutschen Volkslieder*, Frankfurt a. M. 1851
UHLAND, LUDWIG: *Alte hoch- und niederdeutsche Volkslieder*, 2 Bde, Stuttgart 1844/45
Venusgärtlein. Ein Liederbuch des 17. Jahrhunderts. Nach dem Drucke von 1656 herausgegeben von MAX FREIHERR VON WALDBERG, Halle a. d. Saale 1890
WERLIN, JOHANN P.: *Liederhandschrift, Kloster Seon* 1646 (Bayerische Staatsbibliothek, München)
WILLMS, UTA/SIEGFRIED BORRIS: *Diese Welt ist tausendschön*. Neue Kinderlieder, Wilhelmshaven 1983
WOLFRAM, ERNST H.: *Nassauische Volkslieder*, Berlin 1894
Zupfgeigenhansl, herausgegeben von HANS BREUER, 10. Aufl., Leipzig 1913